原来上海话这样写

沪语难词的正音正字

钱乃荣 著

上海大学出版社

图书在版编目(CIP)数据

原来上海话这样写:沪语难词的正音正字/钱乃荣著.—上海:上海大学出版社,2020.9
ISBN 978-7-5671-3917-6

Ⅰ.①原… Ⅱ.①钱… Ⅲ.①吴语—方言研究—上海 Ⅳ.①H173

中国版本图书馆 CIP 数据核字(2020)第 133661 号

上海大学海派文化研究中心
"310 与沪有约——海派文化传习活动"项目支持

原来上海话这样写
沪语难词的正音正字
钱乃荣　著
上海大学出版社出版发行
(上海市上大路 99 号　邮政编码 200444)
(http://www.shupress.cn　发行热线 021-66135112)
出版人:戴骏豪
＊
江苏句容排印厂印刷　各地新华书店经销
开本 890mm×1240mm　1/32　印张 6.25　字数 172 000
2020 年 8 月第 1 版　2020 年 8 月第 1 次印刷
ISBN 978-7-5671-3917-6/H·380　定价:28.00 元

版权所有　侵权必究
如发现本书有印装质量问题请与印刷厂质量科联系
联系电话:0511-87871135

前　　言

　　这是一本对上海话中的难词难字进行总清算的书。

　　本书兼顾难字的不同难度和读者掌握上海话程度的差异,分类排列难词难字,对其正音、正字,以适应不同读者的检索要求。

　　每个方言都有一批难字,普通话词典里我们也看到有不少难字。与方言难字有差别的是,普通话的词语是大家从小循序渐进学习过的,所以在常用词中觉得不认得的难字较少;方言如上海话长期以来不见于书面语,特别是年轻人以前可能没有读到过上海话文字,对上海话中的很多常用词不知道怎样写。所以这本书尤其要献给新融入上海的新上海人,我们在这本上海话难字手册中分出档次。大量年轻读者,从小读书时已养成了翻查以语音顺序排列字词的《新华字典》和《现代汉语词典》的习惯,加上本来大量上海话词语也许从未见到过字形,所以我们在三份"正音正字表"中都用上海话语音的音序来依次排列词语,便于查检。本手册一开始介绍了"上海话拼音方案"的使用方法,最后附录了一位网友"吴声吴戏"对这个拼音方案的通俗讲解。

　　吴语是汉语的一种方言,古汉语是它的源头。上海话中大部分词语的书写形式,除了发生变异的、吸收原生活在吴语地区的少数民族中的词语以及吴地民众在生活中新创词语所写的词外,应该说大多数字在原先的古汉语中都曾有过。中国历史上北方语言因种种原因变化比较快,在语音上比如入派三声、阳上归去、浊辅音消失、大量舌根音的声母字变为舌面音等,而江南吴音里还保留着西晋永嘉丧乱第一次北方人大规模南迁后所形成的江东方言中大量特征词的字及其语音。因此在隋朝编写的韵书《切韵》和继承它的宋朝系统编写的《广韵》《集韵》中,都还保存着如今吴语和江淮方言中的许多词语,现今可以从中考出大量正确的"本字"。本手册第一张"难词表",按上海话语音音序依次排列的那些上海话中的常用词的本字,就主要是在这些权威辞书中考证出来的,如上海话中"捯脱一跤"的"捯","皮肤开皴"的"皴"。离开这些辞书,有的人从一些古代近代小说话本笔记等书中找出来那些作者写的字就不一定是正确的字了。不能翻到的就认为是正字。

上海话文章在20世纪50年代以后很少见到,所以有许多60岁以下的、很少看旧书旧小报上的讲上海话的市民,对一些比较常用的上海话语词也吃不准怎样写才是正确的,常常随意用了错字。在本书的第二张"难词表"中,分类编排以上海话语音音序排列的词语,可以从中查到许多常用字的正确写法,比如说"物事"的"物","榫头"的"榫","臂撑子"三字怎么写,对上海话文字生疏的人来说,这些字也成了难字。我们的目的是要消灭上海话书面语中的错字,故也录此备查。

上海话的一大特色,是在汉语方言中吸收了最多的以英语为主的外来词,即音译词。这些外来词在"上海话中外来词的正音正字"中几乎列全了,排斥了一些牵强附会或未被广泛接受的音译词。上海话音译词文字写法也应该标准化,要纠正那些错写的字。

"近年来常见错字订正"内容是必须特别引起重视的。由于各界特别是年轻人对上海话传承的热心推动,近年来,在微信、短信中,在网上自由交流中,在报刊上,在广告里,在马路上饭店里,在群众文化艺术馆墙上,在电视台的布景道具上,在地铁的广告上,甚至在大店招、大标语中,都能见到上海话词语或句子,但其中也多见现今使用中的上海话错字。这些错字如不加以改正,不但影响市容,造成市民的阅读障碍,而且错字的广泛传播甚至会造成约定俗成了错字的后果。在本书这一部分中,我们对于一些常见错字进行改正,并说明改正理由。希望大家积极参与上海话的正字,纠正常见上海话错字。

本书还回答了读者在上海方言方面所关心的一些疑问。

若读者对上海话词语及其文字欲了解更多的信息,笔者出版的《上海话小词典(第2版)》(上海大学出版社2018年版)、《上海话大词典(第2版)》(上海辞书出版社2018年版)和《新上海人学说上海话》(上海大学出版社2013年版)也可提供参考。

钱乃荣 于2020年3月

目 录

上海话拼音详解 …………………………………………… 1

上海话最基础词语 ………………………………………… 10

音序排列难词的正音正字 ………………………………… 14

分类音序排列易写错词的正音正字 ……………………… 43

上海话中外来词的正音正字 ……………………………… 137

近年来常见错字订正 ……………………………………… 151

答读者疑问 ………………………………………………… 171

附录　上海话拼音输入法（新派）修炼秘笈 …………… 183

上海话拼音详解

本书所用的上海话拼音方案,是在搜集了21个上海话拼音方案的情况下,于2006年深圳召开的"第一届国际上海方言学术研讨会"上,由海内外的从事上海话研究和教学的老中青专家学者投票以压倒多数通过的《上海话拼音方案》,是与《汉语拼音方案》最为靠拢的方案。

一、上海话的声母

上海话的声母一共有26个。

1. 上海话中,以下17个声母与普通话相同,上海话拼音用和汉语拼音一样的字母输入:

b(剥)　　p(朴)　　m(摸)　　f(福)　　d(答)　　t(塔)　　n(纳)
l(蜡)　　g(鸽)　　k(渴)　　h(喝)　　j(鸡)　　q(妻)　　x(希)
z(资)　　c(雌)　　s(思)

2. 以下5个声母,普通话没有,但是与英语的读音相同,就是通常称作"浊辅音"的声母。

bh[b](薄)　　dh[d](达)　　gh[g](轧)
sh[z](词)　　fh[v](服)

("[ ]"内为国际音标注音)

这些声母,本拼音方案一律用"h"加在同部位发音的"清辅音"的后面表示浊音。这些声母相对应的清辅音依次是 b、d、g、s、f。

3. 还有3个声母,也是浊辅音声母,也在相对的"清辅音"后面加个"h"。

jh[dʑ](旗)　　xh[ʑ](齐)　　hh[ɦ](盒)

它们相对应的清辅音声母是 j、x、h。

4. 还有1个声母,是后鼻音,上海话中能做声母。

ng[ŋ](额)

二、上海话的韵母

上海话的基础韵母(即发音各不相同的韵)一共有22个。

1. 以下9个韵母与普通话读音相同:

i(衣)　　u(乌)　　yu(迂)
a(啊)　　o(哦)　　y(字)
en(恩)　　ong(翁)　　er(而)

在这些音中,"yu(迂)"和"y(字)"两个音用的字母与普通话拼音不同,因为用"yu"是为了避免电脑上难以打出的"ü",用"y"而不用"i"作为"字"的韵母,是因为仍需要用"i"照顾到记写沪剧语音中"分尖团"的老上海话音(如"死si"和"喜xi"有别,"死si"与"四sy"也有别)。

2. 下面一个韵,与普通话"ye(耶)、yue(约)"中的"e"读音相同。

e[ɛ](埃)

3. 以下两个韵母与普通话的读音稍有不同,上海话读成口腔不动的单元音,但本方案中字母写法与普通话相同。

ao[ɔ](澳)　　ou[ɤ](欧)

4. 上海话有两个鼻化音的韵:

an[ã](张)　　ang[ɑ̃](章)

发音的方法是:鼻音与元音"[a]""[ɑ]"同时发出,因此与普通话的鼻音稍后发出的"an"、"ang"有点差别。

5. 上海话的4个入声韵读音如下:

ak[ʌʔ](鸭)　　ek[əʔ](扼)　　ok[oʔ](喔)　　ik[ɪʔ](益)

ak:读"阿"的短促音,如上海话"阿哥、阿弟"的"阿"。
ek:读如上海话"扼制"的"扼",读如英语不定冠词"a"的发音。
ok:读"哦"的短促音,读如英语"book"中的"oo"发音。
ik:读如"已"的短促音,读如英语"is""it"中的"i"发音。

"k"在韵母里是入声的标志,表示喉部的急促收尾音。

6. 上海话中有三个辅音能作韵母用,后面没有元音。

m(姆)　　n(唔)　　ng(鱼)

7. 上海话中还有一个韵为普通话、英语所无，但在德语、法语中有。

oe[ø](安)

它的发音，如发普通话"ü"的圆嘴唇口形，但把口张大点儿，就读出了"oe"音。

三、上海话中"i、u、yu"开头的零声母字的标音法

与普通话一样，标为"y、w、yu"。

如：yi 衣　　ya 呀　　yan 央　　yin 音　　yong 永　　yik 一　　yok 郁
　　wu 乌　　we 喂　　woe 碗　　wang 汪　　wak 挖　　wek 殟
　　yu 淤　　yuoe 鸳

上海话中"i、u、yu"开头的字，有部分读浊音的零声母，拼写时就在第二字母的位置加上"h"，用以区别读清音的零声母字。试比较：

意 yi, 移 yhi; 要 yao, 摇 yhao;

污 wu, 舞 whu; 往 wang, 黄 whang;

迂 yu, 雨 yhu; 怨 yuoe, 园 yhuoe。

其他浊的零声母字，都用"hh"表示声母，试比较：

澳 ao, 号 hhao;

呕 ou, 后 hhou;

矮 a, 鞋 hha;

爱 e, 害 hhe;

暗 oe, 汗 hhoe。

四、其他拼写法

1. "yu"和"yu"开头的韵母，在与声母相拼时，除了与声母"n""l"外，都可省去"y"，只写作"u"。如：贵 ju, 券 quoe, 许 xu, 倦 jhuoe。但"女 nyu、旅 lyu"不能省。

2. "iou、uen"两个韵母，与声母相拼时，写作"iu、un"，即与普通话

拼音处理相同。如:救 jiu,昏 hun。

五、上海话的声调

上海话有 5 个声调,用 1 到 5 的五度来表示声调的高低,1 度最低,5 度最高。

1. 第一声阴平,读 52(低),读如普通话的第四声去声。
2. 第二声阴去,读 34(底)。
3. 第三声阳去,读 23(地)。

第二声和第三声调形相同,一个配清辅音开头的音节,所以高一点;一个配浊辅音开头的音节,所以低一点。

4. 第四声阴入,读 5(跌)。
5. 第五声阳入,读 12(蝶)。

上海话在说话中实际发音是有"连读变调"的。两字连读的连读调大致就是前字声调的向后字延伸。三字组以上的连读调,阴平字和阳入字领头的,也是第一字调的向后两字的延伸。其余三个声调都用先低后高再加上一个最低的低降调"21"构成。

所以,上海话在实际连读中,其实从两字组到五字组的词除了首字外,后面的字都失去了本字声调的原调。

下面是连读调调型总表(A、B 表示两式或用):

单字调	两字连读调	三字连读调	四字连读调	五字连读调
阴平 52	55 + 21	55 + 33 + 21	55 + 33 + 33 + 21	55 + 33 + 33 + 33 + 21
阴去 34	33 + 44	33 + 55 + 21	33 + 55 + 33 + 21	33 + 55 + 33 + 33 + 21
阳去 23	22 + 44	22 + 55 + 21	22 + 55 + 33 + 21	22 + 55 + 33 + 33 + 21
阴入 5	3 + 44	3 + 55 + 21	3 + 55 + 33 + 21	3 + 55 + 33 + 33 + 21
阳入 12	1 + 23	1 + 22 + 23	A. 1 + 22 + 22 + 23 B. 2 + 55 + 33 + 21	2 + 55 + 33 + 33 + 21

我们把表示连读调的两个数字简化成一个数字,用"下标"方式标在音节字母后,举例说明如下:

天 ti_{52},天堂 $ti_5 dhang_1$,天落水 $ti_5 lok_3 sy_1$,天下世界 $ti_5 hho_3 sy_3 ga_1$;

快 kua$_{34}$，快手 kua$_3$sou$_4$，快手脚 kua$_3$sou$_5$jiak$_1$，快手快脚 kua$_3$sou$_5$ kua$_3$jiak$_1$；

后 hhou$_{23}$，后头 hhou$_2$dhou$_4$，后天井 hhou$_2$ti$_5$jin$_1$，后门口头 hhou$_2$ men$_5$kou$_3$dhou$_1$；

一 yik$_5$，一级 yik$_3$jik$_4$，一末生 yik$_3$mek$_5$san$_1$，一天世界 yik$_3$ti$_5$sy$_3$ ga$_1$，一本三正经 yik$_3$ben$_5$se$_3$zen$_3$jin$_1$；

热 nik$_{12}$，热煞 nik$_1$sak$_3$，热天色 nik$_1$ti$_2$sek$_3$，热汤热水 nik$_1$tang$_2$nik$_2$ sy$_3$/nik$_2$tang$_5$nik$_3$sy$_1$，热侬大头昏 nik$_2$nong$_5$dhu$_3$dhou$_3$hun$_1$。

由于《上海话拼音方案》在设计上的巧妙，可以不用数字标示声调，可以依靠声母和韵母的字母来暗示单字声调和连读调。

从上面的表可以看到，上海话中只有阴平单字调和阴平开头的连读调是直往下降的调型，本书在阴平声调开头的词条开头用"'"符号标示出来。

其他声调大致都是由下往上升的调子。在一个字的拼音里，凡是声母第二字母是 h 的，和声母是 m、n、ng、l 的（第 1 条件），都为阳声调；韵尾有 k 的（第 2 条件），都为入声调。这样就在拼式上可以区分了阴去、阳去、阴入、阳入四个声调（阴去两个条件均无；阳去条件 1 有，2 无；阴入条件 1 无，2 有；阳入两个条件均有）。阴平声调单字调（和阴去一样两个条件均无）和阴平开头的连读调，就在开头的地方加一个符号"'"，如"天下世界 'ti hho sy ga"，用以标示与阴去声调的区别。

有的词条在注音中有一个空档，因为这个词条在发音中有个小停顿，即是用前后两个单字调或连读调一起来读的。比如，"荡马路"这个词条有两种发音：dhangmolu（2 + 5 + 1）和 dhang molu（23 2 + 4）。前者三字连读，后者第一字和后两字分读，中间有很小的停顿，它们的声调有很大差异。但大多数词语只有一个读法。

使用本拼音方案的"上海话输入法"已经诞生。由于笔者创制的"上海话输入法"和普通话输入法一样，不必打声调，我们可以摈除词条拼音上的"'"符号和空格,直接将字母输入,即可在电脑中打出上海话词语。

上海话中有一个与连调规律例外的情况:否定词"勿(阳入字)"开头的三字组词语,不读阳入开头的"1+22+23"连读调式,而一定读成阴入开头的"3+55+21"调式;还有很少数的四字组"勿"字开头的词语只能读 A 式。这时,我们将字母"v"替换了"fh",如"勿开心"的拼式写为"vekkexin",用于反映这个三字组不读通常的"1+22+23"调式,而读"3+55+21"调式。

六、新派语音和老派语音的差异

方言是活的、变化着的语言,会有内部差异。上海话的主要差异是:多见 50 岁以上的上海人说的是老派语音,50 岁以下的上海人说的是新派语音或向新派过渡中的语音。许多人认为老派语音是较为标准的上海话语音,本书采用老派音系注音。但是上海多数人用的是新派语音,所以许多老师会自然读新派音来教学生。

新派语音是简化了的老派语音,所以书中标了老派音,读成新派音非常容易,反之就难了。

老派与新派相比,主要有以下几个差别。

1. 老派鼻化音韵有 an、ang 两个韵,在新派中并成一个音。如:

在老派音中,"打(dan)≠党(dang)","张('zan)≠章('zang)","绷('ban)≠帮('bang)";新派合并为"ang","打=党","张=章","绷=帮"。

2. 老派入声韵中有 ak、ek 两个韵,在新派中合并成一个音。如:

在老派音中,"杀(sak)≠色(sek)","辣(lak)≠勒(lek)","搭(dak)≠"得(dek)";新派合并为"ak","杀=色","辣=勒","搭=得"。

3. 老派韵母能区分 oe、uoe 两个韵母,而新派合并成一个音。如:

在老派音中,"暗(oe)≠碗(woe)","赶(goe)≠管(guoe)","汉(hoe)≠焕(huoe)";新派合并为"oe","暗=碗","赶=管",

"汉=唤"。

4. 老派韵母能区分 yu、yuoe 两个韵母,而新派合并成一个音。如:

在老派音中,"喂(yu)≠怨(yuoe)","雨(yhu)≠圆(yhuoe)","具(jhyu)≠权(jhuoe);新派合并为"yu","喂=怨","雨=圆","具=权"。

5. 老派韵母能区分 iak、ik 两个韵母,而新派合并成一个音。如:

在老派音中,"结(jik)≠"脚(jiak)","叶(yhik)≠药(yhak)";新派合并成"ik","结=脚","叶=药"。

6. 老派部分韵母为 iong、iok 的字,新派韵母读为 yun、yuik。如:

老派:"荣=云(yhong)","胸=勋('xiong)";

新派:"荣(yhong)≠云(yhun)","胸('xiong)≠勋('xun)"。

老派:"浴=月(yhok)","菊=橘(jiok)";

新派:"浴(yhok)≠月(yhuik)","菊=橘(juik)"。

这条音变,在一些地区老年人中早已发生。

由于语音的合并有一个漫长的过程,有的中年人在上面几项中,有些字音合并了,有些字音正在合并中或没有合并。好在第1、2项的字比较多,后几项都只有少量字,所以了解以后处理起来并不难。电脑打字时当然用合并的"新派音系"比较方便;教学时标了老派音,知道哪两个音年轻人合并成一个了,教起来也很方便。

上海话词语注音举例(括号内为普通话意思):

Shanghe 上海　Shanghe hhehho 上海言话(上海话)

Whangpugang 黄浦江　'Suzouwhu 苏州河　shyti 事体(事情)

mekshy 物事(东西)　bhekxian 白相(玩)　dan bhan 打朋(开玩笑)

ghakbhanyhou 轧朋友(交朋友)

cek yhanxian 出洋相(闹笑话,出丑)

'linfhekqin 拎勿清(不能领会)　dhaojianwhu 淘浆糊(混)

ao shaoyhin 拗造型(有意塑造姿态形象)　ghe 隑(靠)

kang 囥(藏)　yin 瀴(凉、冷)　dia 嗲　whakji 滑稽

sekyi 适意(舒服)　diklikgun yhuoe 的粒滚圆(非常圆)
sylindakdi 水淋溚渧(湿淋淋)　laoselaosy 老三老四(卖老)

附　老派上海话音系表

一、声母

b[p]巴搬兵百　　p[p']怕攀捧泼　　bh[b]婆拌旁别　　m[m]母满闷木
f[f]夫反方福　　fh[v]符犯坟佛　　d[t]多单丁德　　t[t']体滩通脱
dh[d]地段同特　　n[n]乃南让热　　l[l]溜乱拎落　　g[k]盖干工各
k[k']苦铅肯客　　gh[g]葵环共轧　　ng[ŋ]熬鹅硬额　　h[h]灰汉烘忽
hh[ɦ]豪后红合　　j[tɕ]居尖精级　　q[tɕ']区浅庆漆　　jh[dʑ]求件琴极
x[ɕ]需宣相血　　xh[ʑ]谢钱墙席　　z[ts]子专张责　　c[ts']超参撑促
s[s]书三松说　　sh[z]字传陈食

二、韵母

i[i]低西变现　　u[u]布乌初多　　yu[y]虑雨许鬼　　i[ɿ]试资朱处
a[A]拉鞋街泰　　o[o]沙哑瓜画　　e[E]海悲推难　　ao[ɔ]少包炒老
ou[ɤ]否头口周　　oe[ø]半看猜算　　an[ã]硬杏生打　　en[əŋ]根恒能春
ang[ã]昂杭商当　　ong[oŋ]功龙中翁　　ak[ɐʔ]法麦拆塔　　ek[əʔ]佛默出脱
ok[oʔ]绿俗角作　　ik[ɿʔ]笔力歇吃　　er[əl]尔而儿饵　　m[m̩]姆亩呒
n[n̩]唔　　ng[ŋ̍]五鱼午

上面22个韵,都可以单独做韵母,i、u又可以做介音。介音可以与其他韵合成以下韵母:

i——ia 写谢、ie 廿械、iao 表桥、iou 就流、ian 将羊、in 丁今、iang 旺、iong 荣均、ik 跌乙、iak 脚削、iok 菊局。

u——ua 怪坏、ue 弯惯、uoe 碗官、uang 荒王、uen 困昏、uak 刮豁、uek 活骨。

i 行的韵母,前面没有声母的时候,写成 yi(衣)、ya(呀)、yao(腰)、you(忧)、yan(央)、yin(英)、yong(雍)、yik(益)、yiak(约)、yok(郁)。

u 行的韵母,前面没有声母的时候,写成 wu(乌)、wa(娃)、we(威)、wan(横)、wang(汪)、wen(温)、wak(挖)、wek(殟)。

在阳声调里,均在第一字母后加 h,以示与阴声调音节读音区别。如:yha(野)、whu(胡)、yhong(云)、yhu(雨)、hhao(号)。

"yu"及其开头的韵母,在与声母相拼时,除了与声母"n、l"外,都可省去"y",

只写作"u"。如：贵 ju、亏 qu、jhuoe 拳。"女 nyu""旅 lyu"不能省。

"yu"在普通话拼音中用"ü"表示，本书为了方便起见，在上海话拼音中都用"yu"表示。

三、声调

阴平	52	江天飞高心书
阴去	34	懂好土对去太
阳去	23	来同有稻外大
阴入	5	笃各脱出黑级
阳入	12	六学白石木极

上海话最基础词语

以下所列的词语在上海方言文章里出现频繁最高,这些词语大都是虚词。从某种意义上来说,了解了这些词的写法和含义后,看一般的上海方言文章,变得容易得多了。有些词,如:为什么写"辩个"而不写"个个""箇个""格格",凡觉得有必要做解释的,都在"近年来常见错字订正"中进行说明。

1. 人称词

我 **ngu**　我(年轻人又读 whu)。
阿拉 **aklak**　我们。
侬 **nong**　你。
俫 **na**　你们。
伊 **yhi**　他、她、它。
伊拉 **yhila**　他们、她们。

2. 指别词

(1) 指别人、物:
辩个 **ghekghek**/ghekhhek/迭个 **dhikghek**　这个:~是一本语文书。
埃个 **'eghek**/'ehhek/伊个 **'yighek**/'yihhek/　那个,另一个:我勿认得~人。
辩眼 **gheknge**　这点。~橘子侬吃脱伊。
埃眼 **'enge**　那点。~小菜侬留辣海。多用"埃面一眼 **'emiyiknge**:~书勿是我个。

(2) 指别地点:
辩搭 **ghekdak**/迭搭 **dhikdak**　①这儿:侬从~过去到埃面,穿过横马路就是。/眼物事就拜辣~。②又用作"定指",指手指点处或说话双方预知的地方:侬到~转弯角子浪向去乘地铁。

埃面 'emi / 伊面 'yimi　那儿:辣搭外白渡桥,~是和平饭店。

敉面 ghekmi　定指的远处:~有只电话亭,~有爿银行,侬看见哦?

（3）指别时间:

敉抢 ghekqian　这段时间,或定指那阵子:~天气老冷个。｜今年五一节~侬辣辣啥地方?

敉个辰光 ghekghek shenguang　这时候,或定指那时候:到~伊还勿来!｜侬五岁~还小了。

敉歇 ghekxik　这会儿,或定指那时:侬~空有哦?｜伊昨日~还呒没到上海。

（4）指别方式、程度:

敉能（介）gheknen（ga）　这么:字写得~推扳!｜~个沙发我勿要买。

敉能样子 gheknenyhanzy　这样子,这么:侬照~做。｜生活做得~蹩脚,好意思哦?

介 'ga　这么,只用在形容词前表示方式:花开得~漂亮!

3．疑问词

（1）问人:

啥人 sanin　谁:侬是~?

（2）问东西:

啥 sa/啥个 saghek　什么:敉个是~?｜~水果好吃?

（3）问时间:

几时 jishy/啥辰光 sashenguang　什么时候:侬~来?｜侬~去?

（4）问地点:

阿里 hhali/阿里搭 hhalidak　哪里:侬从~来个?

（5）问数量:

几 ji/几化 jiho/多少 'dusao　几,多少:俫屋里有几个人?｜一共几化人?｜买多少物事?

（6）问原因：

为啥 whesa/哪能 nanen　为什么,怎么:侬~勿要吃？｜伊~勿来？

（7）问选择：

阿里个 hhalighek　哪个:热天冷天,~好？

（8）问方式程度：

哪能 nanen　怎么:DVD~翻录？｜侬~介勿识相？

4．最常见词

拨 bek　①给:我一本书送~侬。②被:礼物~我送脱了。

勿 fhek　不:我海南~去。

呒没 mmek　没有:苏州我~去过。

老……个 lao……ghek　很:伊打扮得老漂亮个。

邪气 xhiaqi　非常:伊平常~用功。

顶 din　最。

交关 'jiaogue　①很多:我买了~鲜花。②很:侬对我~客气。

侪 she　都,全:伊拉~是好学生。

自家 shyga　自己。

辣辣 laklak　①在:我~屋里向。②在那儿:我~写字。◇或写作"垃拉"。

辣海 lakhe　在那儿:辫眼小菜留~。◇或写作"拉海"。

葛咾 geklao　所以:我今朝生病,~上班呒没去。

……浪 lang……　上:台子~有一瓶花。

……里向 lixian　里面:房间~光线忒暗。

一眼眼 yikngenge　一点儿:我只买了~水果。

一趟 yiktang　一次。

脱 tek　①和:我~侬是好朋友。②掉:辫只馒头侬吃~伊！

个 ghek/hhek　①的:我~电脑关脱了。辫本书是我借来个。｜苏州我去过~。②地:侬识识相相~坐辣海！

咾 lao　①表示连接:书~纸头~摆了一台子。②表示因果:我生病~

勿去上课。

哦 fha ①吗:侬超市去~？②吧:侬就勿要去管~！

唻 le 啦:侬个约会我忘记脱来~！

乃末 nemek ①现在:纸头我已经脱侬预备好了,~好开始写了。②这下:伊一直马马虎虎对付,~出了打毛病了。③于是:大家一鼓励,~我恢复了信心。(4)然后:先打好格子,~再可以写字。

喔唷 okyo 表示感叹:~,打扮得介时髦啊！

喏 'nao 表示给予:~,辩张碟片拨侬！

音序排列难词的正音正字

以下这些大都是上海话中的常用词,较大一部分也用于其他吴语地区以至长江北部苏北的如泰州等地区,音韵和语义皆相通,可以说是古代"江东方言"的共同特征词。后来在普通话及许多北方话地区不用了,所以文字就成了众人都看不到的难字。以下按上海方言音序对所列的字,进行了古代韵书中的考证,列出了这些"本字"在辞书的出典,可以看到古代辞书上的读音和释义原文,与现今的音义都可相印证。在难字之后有上海话的释义和例句。

ao 頗 〈动〉前额向前突出,眼部凹进:~面儱额角。◇《集韵》平声爻韵于交切:"頗,大首深目貌。"

ao 㑰 〈动〉扭转不顺,称"㑰挨":脾气~勿过伊。◇《广韵》去声效韵于教切:"㑰,戾也。"

'aolao 懊憦 〈动〉懊悔。◇憦,《集韵》去声号韵郎到切:"懊憦,悔也。"

bak 繶 〈动〉编织:~小辫子|~绳子。◇《集韵》入声麦韵博厄切:"繶,织丝带也。"

bak 擘 〈动〉①分开,掰开:嘴巴随便能~伊勿开。②自行分开:蚌壳~开来了。③叉开:两脚~开。◇《广韵》入声麦韵博厄切:"擘,分擘。"

ban 迸 〈动〉豁开,裂:~开来一条缝。|~坼。◇《广韵》去声诤韵比净切:"迸,散也。"

bao 趵 〈动〉①物体突然跃起:火烧得旺,柴~起来了。|油锅里个油溅着水~起来。②绽:一到清明,杨柳侪~出新芽来了。◇《集韵》去声效韵巴校切:"趵,跳跃也。"

be 掽 〈动〉绊:一勿当心,~脱一跤。◇《集韵》去声谏韵博幻切:"掽,绊也。"

'be 扳 〈动〉①拉,牵引:辫个小囡拿一根石条子~倒又~起。|一根牛绳~断脱了。②使物转向:我拿辫只钉子~转来了。③挽回:败局~转来,比分~平。◇《集韵》平声删韵逋还切:"扳,引也。《春秋传》,扳隐而立之。"布还切:"扳,挽也。"

bhakliaoliao 白醶醶 〈形〉脸色白无血色:侬看伊生仔辫趟病以后,脸色一直~。◇醶,脸色苍白的颜色。《集韵》上声筱韵朗鸟切:"醶,面白也。"

bhan 瓫 〈名〉坛子。◇《篇海类编》器用·瓦部蒲孟切:"瓫,甖属。"《字汇》瓦部:"瓫,瓶甕。"

bhe 蒎 〈动〉①爬:小囡辣床浪向~。|老猫~上树。②徒步涉水:~河山歌。《集韵》衔韵皮咸切:"蒎,涉也。"《篇海》:"蒎,蒎瓥,不能行也。"

bhete 蒎瓥 〈动〉不能行动,或行动艰难;或趴在地上,不能动弹。◇《篇海》:"蒎,蒎瓥,不能行也。"

bhi 鐴 〈动〉把刀在缸沿、皮布上略磨:~自来火。|拿剃刀~~快。|鞋子浪个烂污泥~脱点再进房间。◇《集韵》去声霁韵蒲计切:"鐴,治刀使利。"

bhi 坒 〈量〉层,摞:一~砖。|一~钱物。◇《广韵》去声至韵毗至切:"坒,地相次坒也。"

bho 齓 〈动〉①牙齿露在外边:~牙。②牙齿不齐不正:辫个人牙齿~出~进个。◇《集韵》去声祃韵步化切:"齓,齿出貌。"《字汇》:"齓,齿不正也。"

bhoe 迸 〈动〉躲藏:伊~辣房间里勿出来。|勿要兜兜~~,胆子大点跑出来!◇《集韵》换韵薄半切:"迸,去也。"《集韵》语韵口举切:"迸,去,藏也,或作弆。"

bhoe 跘 〈动〉蹒跚,走路前后脚朝内交叉的样子:辫个人走起路来~发~发。|~足球。◇《集韵》平声桓韵蒲官切:"跘,蹒跚跛行貌。"

bhoe 蹣 〈动〉屈腿,盘腿(坐)。◇《集韵》平声桓韵蒲官切:"蹣,屈足也。"◇俗写作"盘"。

bhoe 澫 〈动〉水旋转地溢出:落雨水要~。|阴沟里个水~出来了。◇《集韵》平声桓韵蒲官切:"澫,水洄也。"

bhoe 鬘 〈动〉女子头发卧髻:伊~起一个头发团。◇《广韵》平声桓韵薄官切:"鬘,鬘头,曲发为之。又,卧髻也。"◇俗写作"盘"。

bhoe 謾 〈动〉以言难人:几句言话就~牢伊了。◇《篇海》平声寒韵蒲官切:"謾,以言难人也。"俗作"盘"。

bhok 匐 趴着:~辣地上。|~辣台子浪写字。◇《广韵》入声尾韵蒲北切:"匍匐,伏地貌。"

bhongshen 塠尘 〈名〉灰尘。◇塠,《集韵》平声东韵蒲蒙切:"塠,尘也。"

bhong 埲 〈动〉烟尘杂起:汽车开过,泥土~得一面孔。◇《广韵》上声董韵蒲蠓切:"埲,塕埲,尘起。"

bhong 鬅 〈动〉头发散乱:~松。◇《广韵》平声东韵薄红切:"鬅,鬅松,发乱貌。"◇俗写作"蓬"。

bhu 箁 〈名〉大竹筐。◇《集韵》上声姥韵伴姥切:"箁,竹器。"

bhu 蒲 〈名〉竹网。◇《集韵》平声模韵蓬逋切:"蒲箷,小竹网。"

bhu 伏 〈动〉孵,蹲坐:~小鸡。|~太阳。|~辣地浪勿起来。◇《广韵》去声宥韵扶富切:"伏,鸟菢子。""伏"字今声母为 fh,但此处保留古音为 bhu(古无轻唇音)。◇今俗写的"孵 fu",声母是清辅音 f 不合。

bin 迸 〈动〉豁开,裂:冰拿水缸~坏了。|~开来一条缝。|~坼。◇《广韵》去声诤韵比净切:"迸,散也。"

bin 鋲 〈动〉①双方用力抵住相持不下:拔河比赛真紧张,双方~辣海交关辰光。②拖延:勿要~辰光,快点走。◇《广韵》去声映韵陂病切:"鋲,坚。"《玉篇》卷十八金部彼病切:"鋲,固也。"◇俗又写作"屏"。

cak 皲 〈名〉皮肤开裂后形成的缝隙:皮肤浪向有几条~。◇《广韵》

入声陌韵丑格切："𬒎,皴𬒎。"

cak 𰑇 〈动〉冻裂,燥裂,开裂:皮肤开~了。|墙壁~开一条缝。◇《广韵》入声陌韵丑格切："𰑇,裂也,亦作坼。"

can 牚 〈动〉①用力拄物,自内支物使充盈:袋袋快点~牢,我要倒米进去。|肚皮~饱了。②斜着支住,勉强支住:㸮扇门要拿根~棒~起来。◇《集韵》去声映韵耻孟切："牚,支柱也。"又作"撑"。

'cao 抄 〈动〉用调羹取食:~点饭吃。◇《集韵》平声爻韵初交切："抄,《说文》,叉取也。"

cao 耖 〈动〉田耕后用耙再把大块泥粉碎:侬去~遍田。◇《广韵》去声效韵初效切："耖,重耕田也。"

cek 撤 〈动〉抽去:~骨头。◇《广韵》入声薛韵丑列切："撤,抽撤。"

'cen 皴 〈动〉皮肤因受寒而细裂: 手浪皮肤~了。◇《集韵》平声谆韵七伦切："皴,《说文》,细皮起也。"

cok 撮 〈动〉取配中药:~药。◇《广韵》入声末韵仓括切："撮,手取也。"

cong 儱 〈动〉①斜伸出:侬头~出仔做啥？②突出,耸出,戳出:一只角~辣外面。|啥事体~出仔头？◇《篇海》去声宋韵丑用切："儱,斜儱也。"

cong 踵 〈动〉行步往前斜,不稳欲跌:拨石头一绊,一路浪~过去。|跌跌~~。◇《广韵》去声用韵丑用切："踵,踵踵,行不正也。"◇俗写作"冲",声调不合。

cong 鏦 〈动〉在物体上凿穿:请侬脱我辣㸮块铅皮浪~一个洞。◇《集韵》平声东韵粗丛切："鏦,《说文》,鎗鏦也,一曰火凿,一曰平木划。"

dak 𪣻 〈名〉某块地方。后多虚化为含某处、某地的后缀:东~东处。|㸮~这里。◇《集韵》入声盍韵德盍切："𪣻,地之区处。"◇又写作"搭"。

dak 剳 〈动〉剳钩:固定破裂陶瓷器的钩子,固定窗的钩子。◇剳,《广韵》入声盍韵都盍切："剳,一曰钩也。"◇俗写作"搭"。

dak 㑒 〈动〉皮下垂:~眼皮。◇《集韵》入声合韵德合切:"㑒,皮纵。"

dak 溚 〈形〉湿得滴水。◇溚,《集韵》入声德合切:"溚,湿。"

dakdakdi 溚溚渧 〈形〉物体充满了水,或形容眼泪正往下滴:个衣裳水~。|液体洒了一地:地浪弄得~。◇溚,《集韵》入声德合切:"溚,湿。"

dak 嗒 〈动〉尝:~眼老酒。◇《集韵》入声合韵德合切:"嗒,舐也。"

dak 𠱸 〈动〉口动:~嘴。◇《集韵》入声盍韵德盍切:"𠱸,口动貌。"

dak 褡 〈名〉横的盖被:横~被。◇《广韵》入声合韵都合切:"褡,横褡小被。"

dek 掇 〈动〉双手端:一只凳子侬~过来。|~一碗汤。◇《广韵》入声末韵丁括切:"掇,拾掇也。"

dek 敠 〈动〉搬物以知轻重:㧑只台子~~轻重看。◇《集韵》入声末韵丁拓切:"㪜敠,知轻重也。"

'den 豚 〈动〉阉割生殖器:~鸡。|~牛。◇《广韵》平声魂韵都昆切:"豚,去畜势,出《字林》。"

den 憕 〈形〉蒙眬神昏:呆~~。|眼睛~牢了。◇《集韵》去声证韵丁邓切:"憕憕,神不爽。"

den 滕 〈动〉吃得太饱,不消化:今朝我吃~了,勿消化。◇《广韵》平声登韵他登切:"滕,饱也,吴人云。出《方言》。"

denshek 滕食 〈动〉食物不消化,胃内积食。◇滕,《广韵》平声登韵他登切:"滕,饱也,吴人云。出《方言》。"

dha 沱 〈动〉洗:伊辣水斗里向~衣裳。|~手。◇《集韵》平声歌韵唐何切:"沱,沱㵆也。"《玉篇》卷第十九水部徒盖切:"沱,洗也。"

dha 坨 〈量〉排:一~房子。行:一~路。|一~字。次:来一~。◇《汉语大字典》:"方言:行列。如秧看前坨。"◇俗写作"埭",义不合。

dha 簠 〈名〉竹篾编的扁平圆形浅口盛具,一般漏孔较大。◇《集韵》上声骇韵徒骇切:"簠,竹器。"

dhak 簹 〈名〉老式房子的木制窗。◇《广韵》入声盍韵徒盍切:"簹,窗扇。"

dhang 盪 〈动〉①摇而去滓:~茶杯。②往来摇动:~秋千。◇《广韵》上声荡韵徒郎切:"盪涤,摇动貌,《说文》曰,涤器也。"《集韵》去声宕韵大浪切:"盪,动也。"

dhaopu 稻稴 〈名〉稻堆。◇ 稴,《集韵》平声模韵滂模切:"稴,一曰穛也。"

dhe 给 〈动〉原来平,现中间松而凹下:棕棚~了。|沙发~脱了。◇《广韵》上声海韵徒亥切:"给,欺言诈欠,又丝劳也。"

dhi 甛 〈动〉器不平用物衬之:~台脚。◇《广韵》去声韵徒念切:"甛,支也。"◇俗写作"填"。

dhiao 搝 〈动〉搅拌:~浆糊。|拿色拉油~好。◇《集韵》平声萧韵田聊切:"搝,一曰搅也。"

dhiao 朓 〈名〉竹朓:竹床。◇ 朓,《广韵》上声篠韵徒了切:"朓,床子。"

dhoe 抟 〈动〉把东西揉弄成球状:我拿纸头~脱了。◇《广韵》平声桓韵度官切:"抟,《说文》曰,圜也。"《集韵》平声桓韵徒官切:"抟,《说文》,圜也,谓以手圜之。"

dhoe 篿 〈名〉圆形竹器。◇《集韵》平声桓韵徒官切:"《说文》:篿,圆竹器也。"

dhok 喥 〈形〉呆痴,固执、不灵活:~头。◇《广韵》入声铎韵徒落切:"口喥喥无度。"

dhok 踱 〈动〉慢走,忽进忽退:~方步。|~来~去。◇《玉篇》足部:"踱,踁踱。"◇《篇海》:"踱,踁踱,乍前乍却。"

dhok 渎 〈名〉沟渠,又特指邑中的沟。北宋时有一条"沪渎浦",在"上海浦"之西。◇《广韵》入声屋韵徒谷切《说文》水部:"渎,沟也。一曰邑中沟。"

dhong 挏 〈动〉套进:棉袄~辣罩衫里。◇《集韵》东韵徒东切:"挏,推复引也。"

dhonggong 胴疠 〈名〉肛门。◇《集韵》平声东韵胡公切:"胴,肠尚。"《集韵》平声东韵沾红切:"疠,脱疠,下病。"

dhu 挢 〈动〉叠加:辫只碗~上去。◇《集韵》上声哿韵待可切:"挢,加也。"◇俗写作"驮"。

dhu 佗 〈动〉背负:伊~辣我背浪。◇《集韵》平声歌韵唐何切:"佗,《说文》,负何也。"◇又作"驮"。

di 渧 〈动〉余沥滴下,水等液体滴下:让淘箩里个水~~干。◇《集韵》去声霁韵丁计切:"渧,泣貌,一曰滴水。"

dik 扚 〈动〉①掐:~线头。②敲背:~背。◇《集韵》入声锡韵丁历切:"扚,击也,引也。"《字汇》:扚,手掐也。

din 濎 〈动〉沉淀:水勿大干净,要~~清再吃。◇《集韵》上声迥韵都挺切:"濎,濎泞水貌。"

doejhuikjhuik 短矲矲 〈形〉身体或条形物体很短。◇矲,《字汇补》:"矲,矲矲,短貌。"

dok 毅 〈动〉敲:用棍棒轻击:头浪~脱伊两记。|凳子浪个榫头要~~牢。|~糖。◇《集韵》入声沃韵都毒切:"毅,《说文》,椎击物也。"

dok 褶 〈动〉做衣服时因衣料不够,拼上一块:~一块料作辣衣角浪。◇《广韵》入声沃韵冬毒切:"褶,衣背缝也。"

dok 乱 〈动〉丢,掷,投:~标枪。|~脱纸头。◇《辞海》:"吴方言词,同丢,如:乱开,乱脱。"

dok 沰 〈量〉滴点;液体或糊状,有时比"滴"大:一~烂泥。|一~浆糊。|一~眼泪水。◇沰,《集韵》入声铎韵当各切:"沰,滴也。"

dok 涿 〈动〉淋:雨~了我一身。◇《集韵》入声屋韵都木切:"涿,流下滴。"

dok 豚 〈名〉女子生殖器。◇《广韵》入声尾韵丁木切:"豚,尾下窍也。"◇俗写作"笃"。

dokte 笃佟 〈形〉心里平静踏实的样子:我一点也勿惊,~!|看伊笃佟佟个样子!◇佟,《集韵》上声敢韵吐敢切:"佟,《说文》,安也。"

dongzok 冻瘃 〈名〉冻疮。◇《广韵》入声烛韵陟玉切:"瘃,寒疮也。"

du 脝 〈名〉胖而丰满:肉~~。◇《集韵》上声哿韵典可切:"脝,肉物肥美。"

ek 𤈶 〈名〉把火盖住,藏火备其复燃:拿火先~一~,明朝再引烧。◇《集韵》入声合韵遇合切:"𤈶,藏火也。"《正字通》:"𤈶,今人谓藏火使复燃曰,读若遏。"

ek 盦 〈动〉覆盖:用一只碗~辣酱上头,勿使伊出气。◇《广韵》入声盍韵安盍切:"盦,《说文》,覆盖也。"

ek 堨 〈动〉遮盖,覆盖:麦浪~眼烂泥上去。◇《广韵》入声曷韵乌葛切:"堨,拥堨。"

fe 疢 〈动〉胃不舒服,恶心呕吐:今朝吃得勿适意,吃下去个物事推扳眼~出来。◇《玉篇》疒部:"疢,吐疢。"《广韵》去声愿韵芳万切:"疢,吐疢。"《集韵》去声愿韵方愿切:"疢,心恶病。"

fe 酓 〈动〉坏变:颜色~红了。|酒~了。◇《广韵》去声愿韵芳万切:"酓,宿酒。"

fhemisoe 饭米糁 〈名〉饭粒。◇糁,《集韵》上声感韵桑感切:"糁,《说文》以米和羹也;一曰粒也。"

fheshy 饭糍 〈名〉糍,锅巴。◇糍,《广韵》上声纸韵池尔切:"糍,粘也。"

gak 眨 〈动〉眼睛动;眨眼:眼睫毛一~一~。|伊对小王~眼睛,做个暗示。◇《集韵》入声洽韵讫洽切:"眨,眇也。一曰,目睫动。或从夹。"

gak 唊 〈动〉多话翻舌:~嘴~舌。◇《集韵》入声洽韵讫洽切:"唊,多言。"

gak 筴 〈名〉筴栅:木桩。◇《广韵》入声洽韵古洽切:"筴,箸也,针箭具。"《中华大字典》:"筴,木栏也。《庄子·达生》:'祝宗人玄端以临牢筴。'注,牢,豕室。筴,木栏,同'栅'。"

gan 鲠 〈动〉骨、刺在喉:一根鱼骨头~辣喉咙里。◇《广韵》上声梗韵古杏切:"鲠,骨鲠。"

gao 疛 〈动〉腹部急痛:胃~痛。◇《广韵》上声巧韵古巧切:"疛,腹中急痛。"◇俗作"绞"。

gashy 庎橱 〈名〉放饭碗的橱。◇庎,《集韵》去声怪韵居拜切:"庎,所以庋食器者。"

'ge 賌 〈动〉①拥有:伊~几化家当?②〈动〉吝啬:辩个人~得来一毛勿拔。◇《广韵》平声哈韵古哀切:"賌,又赡也。"《集韵》平声哈韵柯开切:"賌,货也。"

ge 襇 〈名〉衣裙上打的褶。◇《广韵》上声产韵古限切:"襇,裙襵。"◇ 又作"裥"。

gek 佮 〈动〉合在一起:~伙。◇《广韵》入声合韵估沓切:"佮,并,聚。"

gha 骱 〈名〉大骱:膝弯;肘弯。◇《中华大字典》:"骱:骨节间衔接处。"

gha 瀣 〈形〉①渐渐化稀;渐渐拖延下去或松弛了:浆糊调了交关辰光,韧头~脱了。|辩桩事体做得一眼也勿上劲,要~脱了。②不感兴趣,不热心,不上劲:我想脱伊一道去看电影,伊老~个,只好算了。③松懈:我脱伊长远勿碰头,关系~下来了。|侬勿要~得来,一点朝气也呒没。◇瀣,《汉语大字典》:瀣,糊状或胶状而没有粘性;加水使糊状物或胶状物由稠变稀。如:浆糊~了;饭煮~了。

ghe 隑 〈动〉①站:侬脱我旁边~~。②斜靠:扫帚~辣墙角头。◇《集韵》去声代韵巨代切:"隑,《博雅》,陭也。"《玉篇》卷第二十二阜部巨慨切:"隑,梯也,企立也,不能行也。"

ghen 艮 〈形〉倔强:小王个脾气真~。|~头~脑。◇《汉语大词典》:艮,方言,(性子)直;(说话)生硬。如:这个人真~!他说的话太~。

ghou 趜 〈动〉脚屈不伸直;物屈不张开;卷缩:生病生得人也~起来了。|痛得~辣地浪。|带子~起来了。◇《集韵》平声尤韵渠尤切:"趜,足不伸也。"

gok 睭 〈动〉眼睛转动:眼睛一~一~转。◇《广韵》入声屋韵古碌切:"睎,动目。"

gong 巩 〈动〉①物鼓胀而不平:墙浪个纸头受潮~起来了。②肢体弯曲呈弧状,屈缩着行动:老猫~了~腰。菜青虫爬起来身体一~一~。③人或物在内行动:幕布一~一~,里向有人走动。◇《集韵》上声肿韵古勇切:"巩,《说文》,褱也。"《汉语大字典》:"物体鼓胀。清范寅《越谚》卷中:'巩,物饱而不平也。'"

'goegu 芏茋 〈名〉一种枝干带刺的灌木。◇《玉篇》草部:"茋,草。"

gu 卶 〈动〉裹气或裹物不得出:~了一肚皮个气。◇《集韵》上声姥韵果五切:"卶,《说文》,廱蔽也。从人象左右皆蔽形,或从㢦。"◇俗作"鼓"。

guak 掴 〈动〉掌打:~脱伊两记耳光。|勿要~头塔,要~~屁股。◇《广韵》入声麦韵古获切:"掴,打也,亦作。"《玉篇》卷第六手部古获切:"掴,掌耳也。"

guang 冂 〈动〉裂开:墙壁石灰佮~开来了。◇《集韵》上声荡韵古晃切:"冂,解也。"

guang 皾 〈动〉胀大裂开:瓜~开。◇《集韵》上声荡韵古晃切:"皾,张开貌。"

'ha 颬 〈动〉口中吐气:~~气,再揩玻璃。◇《广韵》平声麻韵许加切:"颬,吐气。"◇俗写作"哈"。

hak 呷 〈动〉喝饮:~水|~老酒。◇《广韵》入声狎韵呼甲切:"呷,说文曰:吸呷也。"《说文长笺》:"吸而饮曰呷。"

'he 顲 〈形〉肿,浮肿:手浪~出一大块。〈动〉面虚而色黄。◇《广韵》去声勘韵呼绀切:"顲,面虚黄色。"又作"虚"。

hektaktak 黑黮黮 〈形〉一层黑色:面前~一大片|墙壁浪已经拓得~了。◇黮,《集韵》入声合韵托合切:"黮,黑也。"

hekzyzy 黑䵣䵣 〈形〉皮肤黑的样子:晒得~。◇䵣,《集韵》平声之韵庄持切:"䵣,手足肤黑。"

hen 擤 〈动〉手按住鼻孔出气,使排出鼻涕:~鼻涕。◇《篇海》呼梗切:"擤,手捻鼻脓曰擤。"

hhang 绗 缝:衣裳袖子浪再~两针。◇《广韵》去声映韵胡庚切:"绗,刺缝。"

hhang 桁 桁条:房檩。◇《广韵》平声庚韵下孟切:"桁,屋桁。"

hhangdhoudhi 肮头地 〈名〉田上地,陌。◇《说文·田部》:"肮,陌也。赵、魏谓陌为肮。"

hhao 㩎 〈动〉量,比测:饭~好仔吃。｜分量~~足称。◇《集韵》平声豪韵手刀切:"㩎,较多少曰㩎。"

hhao 嚆 〈叹〉①表示疑问和惊讶:~,伊倒有斛套沙发个!②表示醒悟或恍然大悟:~,原来伊介坏啊!

hoe 熯 〈动〉①烘:~饼。②用极少的油煎:摆辣油锅浪~一~。◇《集韵》上声旱韵呼旰切:"熯,乾也,或作熯、焊。"《正字通》:"熯,炙也。"

hok 滵 滵浴:洗澡。◇《广韵》入声没韵乌没切:"滵,水出声。"《中华大字典》:"滵,今江苏人谓澡身曰滵浴。"

hok 㱿 吸吐:一口痰~勿出。◇《广韵》入声觉韵许角切:"㱿,呕吐。"

hok 攉 吸住,贴近:湿纸头~牢辣玻璃浪。｜侬立开点,勿要~牢辣我个身浪。｜~膏药。◇《集韵》入声铎韵忽郭切:"攉,手反覆也。"

hong 蕻 草木萌发:春天一到,斛片草一~~起来了。◇《集韵》去声送韵呼贡切:"蕻,吴俗谓草木萌曰。"◇又写作"蕻"。

'hou 齁 〈动〉气齁。齁病:哮喘。◇《广韵》平声侯韵呼侯切:"齁,齁䶎,鼻息也。"

'hou 呴 〈动〉怀怒欲发作:我实在~煞了,明朝寻伊算账。◇《集韵》平声侯韵呼喉切:"呴,喉中声。"《吴下方言考》:"吴中谓怀怒欲发曰呴气,亦曰呴极了。"

huak 䀏 睁大眼睛怒视:侬~开点眼睛为啥?｜眼~开,筋暴起。◇《广韵》入声黠韵呼八切:"䀏,视也,《埤苍》云,怒视貌。"

huak 眓 〈形〉眼睛往上斜:~眼睛。◇《广韵》入声末韵呼括切:"眓,《说文》曰,视高貌。"◇俗写作"豁"。

huak 掝 〈动〉裂开:裤子绷~脱。◇《广韵》入声麦韵呼麦切:"掝,裂也。"◇俗写作"豁"。

huak 𥆧 〈动〉①张大眼睛:~开仔眼睛看人。②转目偶见:辩只茶碗今朝我好像辣啥辰光~着一记个。◇《广韵》入声末韵呼括切:"𥆧,大开目也。"

huek 㝰 〈量〉一会儿:睏一~。◇《玉篇》卷第七部呼骨切:"㝰,卧惊也。"《广韵》入声没韵呼骨切:"㝰,睡一觉。"

hue 㷇 〈形〉烂㷇㷇:烂软的样子。◇《集韵》上声贿韵虎猥切:"㷇,烂也。"

jhiao 挢 〈动〉用棍、棒等物拨、调、撬东西:~地板。平面产生弯曲呈波状,不平服。◇《集韵》:上声笑韵渠庙切:"挢,举也。"

jhin 濅 〈动〉寒战,发抖。◇《广韵》去声沁韵巨禁切:"濅,寒濅。"

jhi 搷 举起:手臂巴酸得~勿起来了。◇《广韵》平声仙韵渠焉切:"搷,举也。"

jhi 拑 〈动〉互相要挟,相持攻击:侬勿要~牢我。◇《广韵》平声盐韵巨淹切:"拑,胁持也。"◇又作"钳"。

jhi 掮 〈动〉肩扛:肩胳浪~了两根木头。◇《集韵》平声仙韵渠焉切:"掮,负物也。"◇又作"捐"。

jhuik 趣 〈动〉①含怒不别而行:伊一~就走。②〈动〉怒而出走的样子:~发~发走远了。◇《广韵》入声月韵其月切:"趣,行越。"

jhuik 赶 〈动〉翘起,曲起:喜鹊~起尾巴叫。｜大臀~出。◇《广韵》入声月韵其月切:"赶,举尾走也。"

juik 觖 〈动〉牛羊用角顶人或触物。◇《广韵》入声月韵其月切:"觖,以角发物。"

jhuoe 躘 〈动〉背脊伸不直:伊年纪到把了,身体~牢仔点走路。◇《广韵》平声仙韵巨员切:"躘,曲脊行也。"

'ji 㩎 〈动〉用筷子夹:~点好吃个小菜拨侬。◇《集韵》平声沾韵坚嫌切:"㩎,夹持也。"

ji 㭞 〈动〉屋歪使正:~屋。◇《字汇》作甸切音荐:"屋斜用㭞。"

jigak 翼翮　〈名〉翅膀。◇《广韵》去声寘韵居企切："翼,鸟翼,《说文》云,鸟之强羽猛者。"《广韵》入声麦韵古核切："翮,翅也。"

jikzok 渍泜　〈名〉渍印(多指留在布上的)。◇《广雅释诂》："泜,渍也。"

jik 扢　〈动〉夹住外拉：~眉毛。◇《集韵》入声薛韵九杰切："扢,拔引也。"

'jin 腈　〈形〉瘦(肉)：~肉。◇《集韵》平声清韵咨盈切："腈,肉之粹者。"◇俗写作"精"。

jiu 僦　〈动〉卷缩：皮肤~下去。◇《集韵》去声宥韵即就切："僦,缩也。"

kak 搻　〈动〉①卡住：~牢胡咙拿人~杀。｜~头颈。②压：一百斤重担子~辣我肩胛浪。③刁难,排挤,压抑：侬拿稦桩事体来~~我,办勿到!◇《广韵》入声陌韵苦格切："搻,手把着也。"

kang 囥　〈动〉藏：一捆书~辣床底下。｜拿伊人~起来。◇《集韵》宕韵口浪切："囥,藏也。"按："囥"为"被藏",人主动"藏"起来用"迓'ya"或"迷bhoe"。

kek 㲉　〈动〉倒置盛物器具往地上敲碰,使剩余东西全部倒出。◇《集韵》入声盍韵克盍切："㲉,敲也。"

kok 觳　〈动〉东西干后中间凸起：墙壁石灰~起来一大块。｜三夹板~起来了。◇《广韵》入声觉韵苦角切："觳,燥觳,皮干。"

konghuakhuak 空豁豁　〈形〉空又大的样子。豁,《集韵》入声末韵呼括切："豁,《说文》,空大也。"◇俗写作"空豁豁"。

'kou 眗　〈动〉目深,目陷：人瘦得两只眼睛~进去了。◇《集韵》平声侯韵墟侯切："眗,《埤苍》,目深貌。"◇又作"眍"。

'kou 剾　〈动〉①用手指或细小的东西往较深处挖：台子缝里~芝麻。②雕刻：伊用刀~出一条龙。◇《集韵》平声侯韵墟侯切："剾,剜也。"◇又作"抠"。

kek 搚　〈动〉碰击；碰在硬物上：汰碗勿当心,勿要~脱一块。◇《字汇》克盍切："搚,击也。"

皲 kok 〈动〉东西干后中间凸起:墙壁~起来一块。|三夹板~起来了。◇《广韵》入声觉韵苦角切:"皲,㿠皲,皮干。"

kujiji 苦藒藒 〈形〉食物苦味。◇藒,《广韵》去声霁韵古诣切:"藒,狗毒草也。"《尔雅》樊光注:"藒,俗语苦如藒。"◇俗写作"苦几几"。

la 擸 〈动〉人用指甲或带齿的东西或动物用爪在物体上划过:拨伊来面孔浪向~开介长条口子!◇《集韵》去声泰韵落盖切:"擸,毁裂。"

lakhuakhuak 辣䩆䩆 〈形〉很辣的感觉。◇《广韵》入声麦韵呼麦切:"䩆,辛䩆䩆。"

'lang 誏 〈动〉闲言冷语数落人家:伊拨我~脱两声。◇《玉篇》卷第九言部郎宕切:"誏,闲言也。"

lang 晾 〈动〉晾:我拿衣裳~出去。|~衣裳竹竿。◇《集韵》去声宕韵郎宕切:"晾,暴也。"

langdhang 踉跿 〈动〉逸游:~江湖。◇《集韵》去声宕韵郎宕切:"踉,踉跿,逸游。"又写作"浪荡"。

laoshao 劳勞 〈名〉垃圾,无用的杂物。◇勞,《集韵》平声象韵郎刀切:"勞,劳勞,物未精。"◇俗写作"老槽"。

le 瀨 〈动〉少量水的淋、洒、浇:水勿要~了一地。◇《集韵》去声泰韵落盖切:"瀨,《说文》,水流沙上也。"

le 灠 〈动〉沾染:~着点颜色。◇《集韵》去声敢韵鲁敢切:"灠,一曰染也。"◇俗写作"累"。

le 燗 〈动〉火烧到:当心~衣裳浪。◇《广韵》上声敢韵卢敢切:"燗,火燗。"

lek 捋 〈动〉①用手握住向一端摩擦滑动:~桑叶。|~脱一把汗。②摩擦:~手臂把。③用力拉上或拉下:~袖子管。◇《广韵》末韵郎括切:"捋,摩也。"◇或作"捵"。

lek 捵 〈动〉捋:~袖子管。◇《集韵》入声没韵勒没切:"捵,捋也。"

len 埨 〈名〉埨头:畦。◇《玉篇》土部:"埨,垄土也。"

li 灕 〈动〉滴:浊酒用布袋糠灰~过就清。|拿淘米水~干。◇《集韵》去声霁韵郎计切:"灕,渧灕泣也,一曰漉也。"

li 譧 〈形〉话多语乱:讲言话~乱。◇《集韵》上声狝韵力展切:"譧,譧喽,语乱。"

'liao 撽 〈动〉击:~伊一记头塔。◇《广韵》平声萧韵落萧切:"撽,击也。"

liao 㣻 〈动〉伸脚勾人:伊拨我一脚~倒。◇《集韵》去声啸韵力吊切:"㣻,《说文》,行胫相交也。"《吴下方言考》:"吴中谓舒足钩人曰㣻。"

lik 攊 〈形〉①穿衣太急而斜缠于身:衣裳着得~转仔。②布料成衣往内侧滚边:缲~头。◇《集韵》入声锡韵狼狄切:"攊,急缠也。"

lik 摉 〈动〉带水之物,让水自行滴干或漏干:水~~干,只剩药渣。◇《集韵》入声质韵劣戌切:"摉,去滓汁曰摉。"

lik 戾 〈动〉扭转不直:一只手~转仔点。◇《广韵》入声屑韵练结切:"戾,曲也。"

lik 捩 〈动〉①绞,拧:螺丝~断了。|拿揩布里个水~干。②曲,折:棒头拨我~断脱。|我~转仔手做生活。◇《广韵》入声屑韵练结切:"捩,拗捩,出《玉篇》。"《详校篇海》:"捩,折也。"

lin 繗 〈动〉缝合:~被头。|~衣裳。◇《集韵》平声真韵离珍切:"繗,绍也,理丝也。"

lindhang 凌澤 〈名〉凌澤儿:檐前挂的冰锥儿,儿化词,"儿"韵[ŋ]附粘于"澤dhok"后,变读成[dã]。俗写作"凌宕"。◇《集韵》入声铎韵达各切:"澤,冰结也。"

liu 疁 〈动〉用"火耕水耨"的方法开田,烧去地上的草木后下种。◇《集韵》平声尤韵力求切:"疁,《说文》烧穜也。汉律曰疁田茠草。"《玉篇》草部:"茠,除田草。"

lokzoe 磟砖 〈名〉砖头。◇磟,《玉篇》卷二十二石部三五一音鹿:"磟,石也。"

lok 漉 〈动〉略洗:瓣块料作先~一~水,再裁衣裳。◇《集韵》入声屋韵卢谷切:"漉,《尔雅》:竭也。或从水,通作漉。"《广韵》入声屋韵卢谷切:"漉,渗漉,又沥也。"

'lou 剹 〈动〉抠,挖:木板高头~一个洞。◇《广韵》平声侯韵落侯切:"剹,小穿。"

'lu 摞 〈动〉理:拿头发~齐。◇《广韵》平声戈韵落戈切:"摞,理也。"《越言释》:"摞,理也,摞闲事。"

lu 攎 〈动〉用手贴着桌面或地面把东西收拢:侬点角子佮帮我照年份~成几堆,等歇好收捉。◇《集韵》去声暮韵鲁故切:"攎,挼攎,收敛也。"

lu 脶 〈名〉斗,指纹的一种,圆形无出路的;头发旋儿。◇《广韵》平声戈韵落戈切:"脶,手指文也。"

lufi 芦籓 〈名〉芦籓:芦席。◇籓,《广韵》去声废韵方肺切:"籓,芦籓。"

mak 趋 〈形〉走路慢,身体摇而蹒跚:走路~发~发。◇《集韵》入声陌韵莫白切:"趋,越也。"《玉篇》卷第十走路莫白切:"趋,走貌。"◇读阴入声调 ?mak 音。

mangbe 笔板 〈名〉用在瓦下椽间的薄板。◇笔,《集韵》去声宕韵莫浪切:"笔,屋笔。"

mang 吂 〈形〉头脑迟钝糊涂:辫个人失头~脑。◇《广韵》去声宕韵莫浪切:"吂,老人不知。"

'mi 寐 〈动〉小睡。◇《广韵》纸韵文彼切:"寐,熟寐也。"

'mi 渳 〈动〉品味,小口少量喝:侬吃勿来酒,辫瓶茅台要慢慢叫~。◇《广韵》纸韵绵婢切:"渳,《说文》,饮也。"

min 脗 〈动〉①合拢(多指嘴唇):勿管侬个事体,侬~了嘴巴勿要响。②合拢空隙:~缝。◇《广韵》上声轸韵弥邻切:"脗,脗合。"

mik 搣 〈动〉用手指捻搓:~螺丝。◇《广韵》入声薛韵亡列切:"搣,手拔也,又摩也,批也,捽也。"

mo 漠 〈名〉沫子。◇《篇海类编·地理·水部》眉波切:"漠,水漠也。"

moe 菛 〈形〉无缝无洞:~裆裤。◇《广韵》平声桓韵母官切:"菛,无穿孔状。"◇俗写作"满"。

nak 衲 〈动〉缝补:补补~~。◇《广韵》入声合韵奴答切:"衲,补衲,紩也。"

nga/'nga 砑 〈动〉①将硬物碾平。②啃:~骨头。|~手节头管。◇《广韵》去声祃韵吾驾切:"砑,碾也。"

ngak 齾 〈动〉①缺:牙齿~脱一只角。②弄缺,缺:一只碗拨伊~脱一小块。③减却:侬嫌比贵,~两钿也勿要紧。◇《集韵》入声韵牛切:"齾,《说文》,缺齿也。"《广韵》入声韵五切:"齾,器缺也。"

ngao 爊 〈动〉煨:~猪油。◇《集韵》平声豪韵於刀切:"爊,煨也,或作。"

ngao 嗷 〈动〉很想吃:~食。◇《广韵》平声豪韵五劳切:"嗷,众口愁也。"

nga 捱 〈动〉拖延:侬勿要辣辣~辰光。◇《集韵》平声豪韵宜佳切:"捱,拒也。"

'ni 抳 〈动〉搓;抵着来回擦:伊脚辣地浪~。| 橡皮~字。| ~~清爽。◇《集韵》平声脂韵女夷切:"抳,研也。"

ni 蹨 〈动〉踏:干鞋走湿路,~两步,~两步。◇《广韵》上声铣韵乃殄切:"蹨,蹂蹨。"《集韵》上声铣韵乃殄切:"蹨,蹈也,逐也。"

nian 蘘 〈名〉馅儿:豆沙~。◇《集韵》去声漾韵女亮切:"蘘,《说文》,菜也,一曰藏葅。"

niao 嬲 〈动〉互相戏缠。〈动〉乱纠缠:介许多事体,~得我头也痛了。◇《集韵》上声篠韵乃了切:"嬲,戏相扰也。"

nin 韌 〈形〉不脆,黏性大,软而粘连,拉不断咬不碎:牛肉筋~来。| ~粥。◇《集韵》去声震韵而振切:"韌,粘也。"◇俗作"韧"。

niok 㨄 〈动〉两手揉搓东西:~面粉。| 衣裳浸好再~~伊。◇《集韵》入声屋韵女六切:"㨄,搯㨄,不申。"《篇海》昵角切:"㨄,手㨄也。"

'o 掗 〈动〉①用手抓物:手里~一把烂泥。②伸手抓到:介高个地方我~勿着。| 牢头顶浪个电车把手。③挽:大势已去,再也~勿回来。◇《集韵》平声麻韵乌爪切:"掗,手捉物。"又上声马韵乌瓦切:

"挜,吴俗谓手爬物曰。"又去声韵乌化切:"挜,吴人谓挽曰。"

'o 挜 〈动〉①善意强予:我勿要辩本书,伊硬劲要~拨我。②强加:辩个恶名声是伊~到我头浪来个。③取:到台浪~一把西瓜子来。④强要:辩个差使是我硬劲去~得来个。◇《字汇》衣架切:"挜,强予人物也。"《篇海》:"挜,取也。"

oe/'oe 揞 〈动〉用手遮掩:伊~牢仔一张牌勿拨我看。◇《广韵》上声感韵乌感切:"揞,手覆。"

ong 㬲 腐臭味:~臭。◇《广韵》上声董韵乌孔切:"㬲,臭貌,出《字林》。"

ong 齆 〈形〉鼻子不通气:我伤风了,今朝~鼻头。◇《广韵》去声送韵乌贡切:"齆,鼻塞也。"

'ou 伛 低头,曲背:侬~倒点辣做啥?|头~辣海做生活,吃力交关。◇《广韵》上声麌韵於武切:"伛,不伸也,尫也,荀卿子曰,周公伛背。"

pak 𧚨 〈动〉①用力破物:~开一只熟瓜。②叉开:立直,两只脚勿好~开。◇《集韵》入声陌韵匹陌切:"𧚨,破物也。"

'pan 骈 〈动〉将线张开:~绒线。◇《集韵》平声庚韵披庚切:"骈,张弦也。"

'pan 胮 〈动〉①膨大:辩只绒线球~出来了。②圆物变偏胖、变形:气球吹得越~越大。③〈动〉肿:皮肤碰伤,~起来一大块。◇《广韵》平声江韵匹江切:"胮,胮胀。"《集韵》披江切:"胮,胮肛,腫也。"《玉篇》肉部:"胮,胮肛,胀大儿。"

'pan 抨 〈动〉拍,拂过;水尤指雨雪因风吹如雾飘弹进来:雨侪从窗口~进来。◇《广韵》平声耕韵普耕切"抨,弹也。"《说文》:"抨,掸也。从收,平声。"《韵会》:"抨,弹也。"

'pan 閛 〈拟声〉门~个一声閛上了。◇《广韵》平声普耕切:"閛,门扉声。"

pan 閛 〈动〉①关,开:侬出去勿要忘记拿门~上。|拿门~开。②碰撞:当心窗~起来。|玻璃~碎。|~台子。◇《集韵》去声净韵匹迸

31

切:"閛,开闭门也。"◇俗写作"搑"。

pang 髈 〈名〉脚髈:腿。◇髈,《玉篇》卷第七骨韵七十九浦朗切:"髈,股也。"《集韵》上声荡韵普朗切:"髈,胁肉也。"

'pao 橐 〈名〉胀大。◇《广韵》平声豪韵普袍切:"橐,囊张大貌。"

pao 渹 〈动〉浸,没:脚~进河水里。◇《集韵》去声效韵披教切:"渹,渍也。"◇俗写作"泡"。

pe 襻 〈名〉用布做的衣扣:纽~。∣脱头落~。◇《广韵》去声谏韵普患切。《篇海》衣部:"衣系曰襻。"

pe 鋬 〈名〉器物上的提梁:镬子~。∣铜鼓~。◇《集韵》去声谏韵普患切:"鋬,器系。"

'pi 妼 〈动〉用刀平切剖肉:辬眼肉~得薄?◇《广韵》平声支韵敷羁切:"妼,开肉。"

'pi 剸 〈动〉砍去一层,削去一层:~脱一层草。◇《广韵》平声齐韵匹迷切:"剸,剸斫。"《集韵》平声齐韵篇迷切:"剸,削也。"

pi 頞 〈动〉倾侧:~转仔头辣想啥?◇《集韵》上声纸韵普弭切:"頞,倾头也。"

pik 㵸 用勺子舀去轻贴液面的东西:还要~脱一层油。◇《广韵》薛韵芳灭切:"㵸,漂。"◇俗写作"撇"。

pok 䐹 〈形〉指肉不结实和肥:辬两块肉老~个。∣奶~肉:乳旁的肥肉。◇《广韵》入声铎韵匹各切:"䐹,面大貌。"

qiak 骹 〈动〉皮肤、指甲、木头老化,表面裂开成丝翘起:节掐子~起来。∣手指掐旁边~起一丝肉~皮。◇《广韵》入声药韵七雀切:"骹,皮皱,《尔雅》云,槄骹,谓木皮甲错。"

qian 䤖 〈动〉用酒汁、卤汁、酱油腌:~蟹。◇《玉篇》卷第十五卤部音昌:"䤖,卤渍也。"

qiao 訬 〈动〉轻慢打闹或胡弄着玩:勿要胡~。◇《集韵》去声笑韵七肖切:"訬,轻也。江东语。"

'qiao 缲 〈动〉①把布边往里头卷进去,不露针脚地缝上:~根带子。②向上卷:拿袖子管~起点。◇《集韵》平声宵韵千遥切:"缲,以针袄衣。"

'qiao 峭 〈动〉①在捆东西的绳子中插入短棒旋转绞紧:快点拿绳子~~紧。②结缚:~尿布。◇《广韵》去声笑韵七肖切:"峭,缚也。"

qik 龁 〈动〉像齿一样地被咬住:轮齿拨沙~牢。◇《广韵》入声屑韵胡结切:"龁,也。"

qin 捺 〈动〉按:~了牛头吃草。◇《集韵》去声沁韵丘禁切:"捺,按也。"◇又写作"揿"。

'qiu 怵 〈形〉坏:脾气~。|天~:天气不好。(性质、本质坏、恶劣用"怵",东西受损伤、被毁坏,不用"怵",用"坏")◇《广韵》平声尤韵去秋切:"怵,戾也。"

qizy 气鬻 〈形〉食物已腐败,气味难闻。◇鬻,《广韵》去声祭韵征例切:"鬻,臭败之味。"

'qi 瞁 〈动〉眼睛或眼皮向上带动:眼睛一~一~。◇《集韵》平声齐韵牵奚切:"瞁,目动也。"

'qi 扦 〈名〉蜡扦:蜡烛插具。◇《正字通》手部仓先切:"攇,插也,俗作扦。"

'qi 攇 〈动〉插;植物移种:花~活了。|杨柳~插好了。◇《集韵》平声僊韵亲然切:"攇,插也。"◇又写作"扦"。

qi 牵 〈动〉牵而不从:牛~转仔头扳勿动。|小囝~转仔身体勿肯走。◇《集韵》上声铣韵牵典切:"牵,《说文》,牛很不从牵也。一曰大貌。"

'qi 栞 〈动〉削,轻度平削:~皮。|~生梨。|~脚。◇《广韵》平声盐韵七廉切:"栞,削皮。"

'qi 锓 〈动〉刻:~一只木头图章。|~~刻刻。◇《集韵》平声盐韵千廉切:"锓,切也。"

qu 媭 〈形〉美好,漂亮,好看:小姑娘生得真~。|伊面孔~,身材又好。◇《广韵》上声语韵创举切:"媭,《埤苍》云,鲜也,一曰美好貌。"◇俗写作"趣""翠"。

'sa 酾 〈动〉酒、茶自壶中注入杯中:~茶~酒侪我来。|~酒:斟酒。

◇《广韵》上声纸韵所绮切:"釃,分也,见《汉书·沟洫志》,《说文》曰,下酒也,一曰醇也。"

sa 閊 〈动〉散开:人统统~开。|脚~开。◇《集韵》去声韵所稼切:"閊,开也。"

sak 敤 〈动〉垫起不稳之物:~凳脚。◇《集韵》入声盍韵悉盍切:"敤,起也。"

sak 溹 〈动〉洒少量水:青菜浪向~点水。◇《集韵》入声麦韵色责切:"溹,《说文》,小雨零貌。"

sak 睡 〈动〉眨,眼睛闪动,转瞬:眼睛一~,老母鸡变鸭。|眼睫毛一~一~。◇《集韵》入声洽韵色洽切:"睡,目睫动貌。"

sak 搔 〈动〉塞住,夹住:一把横刀~辣裤腰里。|~好被风头。◇《集韵》入声盍韵悉盍切:"搔,破声,一曰持也。"

sak 揀 〈动〉选择,删去:文章拨编辑部~脱一大段。|十个人当中~脱三个人。◇《广韵》入声麦韵山责切:"揀,择取物也。"

sao 悇 〈形〉快,痛快:伊办事走路~来,一歇一歇。|豪~:赶快。◇《集韵》去声号韵先到切:"悇,快也。"《玉篇》卷第八心部诉到切:"悇,快性。"◇俗写作"豪燥"。

sektaktak 湿龘龘 〈形〉湿润欲滴、因湿而粘在一起。◇龘,《集韵》入声合韵托合切:"龘,物湿附着也。"

soushasha 瘦㾮㾮 〈形〉消瘦或瘦小的样子。◇㾮,《广韵》平声佳韵士佳切:"㾮,瘦也。"◇俗作"柴"。

shafhu 柴紨 〈名〉柴紨:用稻麦秆结成的束东西的绳子。◇紨,《集韵》去声遇韵符遇切:"紨,缚绳也。"

shaji 柴穧 〈名〉稻柴垛。◇穧,《广韵》去声霁韵子计切:"穧,获也。"

shak 趚 〈动〉乱窜,乱跑:伊真皮,伊马路浪一~就勿见人影了。|鱼辣水里~东~西。|~角跑:对角速穿走。◇《集韵》入声盍韵疾盍切:"趚,疾走貌。"

shak 蹃 〈动〉踩:伊急得穷~脚。|~伊一脚。《集韵》入声荡韵日灼切:"蹃,踩也。"《玉篇》足部:"蹃,蹈足貌。"

shak 煠　〈动〉把食物放在沸水或沸油里烧煮：拿菠菜先~一~。|~脱点黄水。◇《广韵》入声洽韵士洽切："煠,汤煠。"

shan 碊　〈动〉往里紧塞：瓶里糖要~紧。|再~进去,布袋要破了。◇《广韵》去声映韵除更切："碊,塞也。"

shan 鋥　〈形〉表面平滑光亮。◇鋥,《广韵》去声映韵除更切："鋥,磨鋥出剑光。"

shao 膆　〈形〉胃酸多不舒服：心里~。◇《集韵》平声豪韵财劳切："膆,一曰腹鸣。"

she 濽　〈动〉溅：烂泥水~辣裤脚管浪侪是。◇《集韵》平声仙韵财仙切："濽,汛也。"《广韵》去声翰韵则旰切："濽,水溅。"《说文》："汙洒也。"

shejik 趆虱　〈名〉蟋蟀。◇《玉篇》走部才滥、才冉二切："趆,超忽而腾疾也。又进也。"《集韵》去声阚韵昨滥切："趆,《说文》：'进也。'"《广韵》入声质韵资悉切："虱,蜻蜓别名。《诗经·唐风》疏：'蟋蟀,一名蜻蜓。'"

shoe 擅　〈动〉手弯：手~转来。◇《篇海》直善切："擅,手转也。"

shoediao 篴条　〈名〉用竹篾编成的长条,盘在粮囤边上,以装谷物。◇篴,《广韵》平声支韵是为切："篴,盛谷圆笼。"

shok 斀　〈动〉斀：再~过去一针就缝好。◇《集韵》入声觉韵直角切："斀,舂也,筑也。"《集韵》入声觉韵粦角切："斀,刺也,一曰斀肢痛至也。"

shok 殹　〈动〉敲打：~一拳。《集韵》入声烛韵殊玉切："殹,击也。"

shok 謈　〈动〉奚落,骂：我要寻两句言话来~~伊。◇《集韵》入声铎韵疙各切："謈,詈也。"

shou 穮　〈动〉积聚：钞票一眼眼~起来买电视机。|~一桶水。◇《集韵》上声有韵士九切："穮,聚也。"

shou 揂　〈动〉顺理；用手收聚进：~井绳。|~鹞线。|~藤摸瓜。◇《集韵》平声尤韵字秋切："揂,捊聚也。"

shu 踈　〈动〉脚底踏物而碾之；用脚蹬：睏觉~被头筒。◇《广韵》平声歌韵昨何切:"蹖,踢也。"

sok 嗍 〈动〉吮,吸:小毛头~奶头。|~螺蛳肉。|面条一~,~进嘴里。◇《集韵》入声觉韵色角切:"嗍,《说文》,吮也。"

sok 瓾 〈动〉用榫儿等固定之物散松了;器物散破:竹椅子全部~脱。◇《集韵》入声合韵悉合切:"瓾,器破。"

'song 舂 〈动〉用杆状物击碎碾:芝麻摆辣石臼里~碎。◇《集韵》平声锺韵书容切:"舂,《说文》,擣粟也。"

'song 摏 〈动〉用拳击:~我一拳。◇《广韵》平声锺韵书容切:"摏,撞也。"

'su 蔬 〈形〉食物已煮烂。◇《集韵》平声模韵孙租切:"蔬,烂也。"◇又写作"酥"。

'sypao 尿脬 〈名〉膀胱。◇脬,《广韵》平声肴韵匹交切:"脬,腹中水府。"

tak 咀 〈动〉蔑视人而哂呵:~伊个祖宗十八代。|~~~个,侪是伊个言话,讲得呒没完个!◇《集韵》入声黠韵瞵轧切:"咀,咀嗻,语不正。"《吴下方言考》:"吴中轻人则哂曰咀。"

tak 撘 〈动〉①抹、涂:~粉。|墙壁上勿要瞎~一泡。②拓土:~油菜锄松油菜边个土。|~花:为棉花植株松土。◇《集韵》入声合韵讬合切:"撘,冒也,一曰摹也。"

'tang 搪 〈动〉①用手推止:拳头过来也要~过去。②遮盖:辫两个字拨我用手~牢仔,勿拨伊看。|侬拿我光线~脱了。◇《字汇》他郎切:"搪,以手推止也。"

tang 铴头 〈名〉铴头:平田的农具。◇《广韵》去声他浪切:"铴,工人治木器。"

tang 踼 〈动〉①滑跌:我~脱一跤。②一脚东一脚西走:侬~来~去做啥?③走路不正:脚一~,就掼一跤。◇《集韵》平声唐韵他郎切:"踼,跌踼,行不正貌,或从堂。"

'te 推 〈动〉由外往里送进:~进嘴里吃。◇《集韵》灰韵通回切:"推,进也。"

te 佚 〈形〉疲乏无力:人做得~脱。|笃~。|软~~。◇《集韵》上声敢韵吐敢切:"佚,《说文》,安也。"

te 氊 〈动〉不能行动,或行动艰难:乌龟~辣地浪勿能动了。|跫~勿动。◇《篇海》:"氊,跫氊,不能行也。"

ti 舚 〈动〉舌尖伸出:舌头~发~发。◇《广韵》韵他含切:"舚,舌出貌。"

'tiao 刟 〈动〉用针把刺在肉里的东西剔出。◇《集韵》平声萧韵他雕切:"刟,剔也。"

tik 扚 〈动〉①敲:~背。②用两个指头捏住一小块皮肤后往外拉:~痧。|~汗毛。|~我一把肉。◇《集韵》入声锡韵丁历切:"扚,击也,引也。《字汇》:手掐也。"

toe 煺 〈动〉浸水后除毛:~鸡毛。◇《广韵》平声灰韵他回切。"煺,煺燖毛。"《集韵》平声灰韵通回切:"煺,以汤除毛。"

toe 撢 〈动〉把挂在钩上或装戴好的东西取下:~篮头。|~帽子。◇《广韵》去声勘韵他绀切:"撢,深取。"

tokji 袥肩 〈动〉单衣开领区阔圆直到肩。◇袥,《广韵》入声铎韵他各切:"袥,开衣领也。"

tok 庹 〈量〉双手横着伸直的长度:一~布。◇《字汇补》广部:"庹,两腕引长谓之庹。"

tong 裥 〈名〉鞋、裤、袜的管儿。◇《集韵》上声董韵吒孔切:"裥,衣短袖。"◇又作"统"。

tong 捅 〈动〉平移:两只台子要~到窗口头去。◇《广韵》上声董韵他孔切:"捅,进前也,引也。"

tou 敨 〈动〉①展开:一张报纸~开来了。②振,抖搂:拿被头~~清爽。◇《集韵》上声有韵他口切:"敨,展也。"

tou 赺 〈形〉①步高而不稳:走路勿要~发~发。②不踏实、赶时髦和爱出风头:辩个小青年打扮得~来!◇《广韵》去声候韵他候切。《方言》:"赺,步高不稳。"

tu 氃 〈动〉①鸟兽落毛:芙蓉鸟辣海~毛。②落毛发:我常常~头发。

37

◇《集韵》去声过韵吐卧切:"毻,蛇所解皮也。"

wek 頢 〈动〉①强纳头入水。②沉没:伊~杀辣河里。◇《广韵》入声没韵乌没切:"頢,纳头水中。"

wek 殟 〈形〉不舒服,不痛快:心里向~得来。◇《广韵》入声没韵乌没切:"殟,心闷。"

weksek 殟塞 〈形〉郁闷,不舒服:~天气。◇《广韵》入声没韵乌没切:"殟,心闷。"

whakdhak 滑达 〈形〉打滑:走路勿当心,打了一个~。|打~。◇《广韵》入声曷韵他达切:"达,泥滑也。"

whek 㮯 〈名〉核儿:橄榄~。◇《广韵》入声没韵户骨切:"㮯,果子㮯也。"

whekfe 活妭 〈形〉活泼,伶俐:㺷个小姑娘老~个。◇妭,《玉篇》丸部芳万切。

whudhou 朰头 〈名〉方形木板:棺材~。◇朰,《广韵》平声戈韵户戈切:"朰,棺头。"

whulong 呼咙 〈名〉呼:喉咙。◇呼,《集韵》平声模韵洪孤切:"呼,咽喉也。"◇俗写作"胡咙"。

'wu 涴 〈动〉陷入:当心鞋子勿要~到烂泥里去。◇《广韵》去声过韵乌卧切:"涴,泥着物。"

'wu 喔 〈动〉小儿啼闹:勿要~吵。◇《集韵》平声歌韵乌禾切:"喔,小儿啼。"

'wu 搲 〈动〉①塞,按、封闭、遮盖:伊~了耳朵勿听。|伊~了嘴巴笑。②四周封塞,挤压:勿要~辣一筑堆。③使暖:寒冷中我~仔侬几化次脚。◇《集韵》平声歌韵乌禾切:"搲,煖貌。"◇又写作"捂"或"焐"。

xhia 𡍣 〈名〉猪羊等家畜圈里积的粪便:猪~。|撒~。◇《中华大字典》:"指用猪羊等家畜的粪便沤成的肥料。"

xhiao 撬 〈动〉捣乱:侬勿要瞎~,老是添我麻烦。◇《集韵》上声巧韵下巧切:"撬,乱也。"

xhin 挦　〈动〉轻拔细软的毛:拿毛佽~脱伊。◇《集韵》平声盐韵徐廉切:"挦,摘也。"

'xi 妗　〈形〉轻浮不持重:伊常常~辣外头老晏勿回来。|~夹夹。〈动〉炫耀:伊一有好物事就欢喜拿出去~拨人家看。◇《集韵》平声咸韵虚咸切:"妗,女轻薄貌。"◇俗写作"鲜",但不应用尖音字。

'xi 鐱　〈动〉阉:~鸡。◇《正字通》:"鐱音线。今俗雄鸡去势谓之鐱。与宦牛、阉猪、骟马义同。"

'xi 閐　〈动〉露出一线:门~开一点点。◇《集韵》平声支韵虚宜切:"閐,虚壁隙也。"

xia 廈　〈动〉滑:伊从胡梯浪~下来了。|~~胡梯。◇《集韵》去声祃韵四夜切:"廈,倾也。"

'xiao 揱　〈动〉①用尖或硬物旋转搅捣洞窟,使洞中之物出来:~鸟窠。|~耳朵。|~马桶。②辗转磨擦:伊辣床浪~来~去。|~被头。|~地光。◇《广韵》平声宵韵相邀切:"揱,摇揱,动也。"

'xin 眚　〈名〉眼病,眼内生点。◇《集韵》上声梗韵所景切:"眚,《说文》,目病生翳也。一曰过也。"

xin 瞥　〈动〉肿起:皮肤浪~起来一条杠。◇《广韵》去声澄韵许应切:"瞥,肿起。"

xizou 筅帚　〈名〉刷饭锅的用具。◇筅,《广韵》上声铣韵先典切:"筅,筅帚,饭具。"

'xuoe 趤　〈动〉快走:我昼夜勿停,一脚~到上海。◇《集韵》平声仙韵膝缘切:"趤,疾走貌。"

'xuoe 拘　〈动〉打,踢:一脚拿被头~到地浪。|~伊两记耳光。◇《广韵》去声霰韵许县切:"拘,击也。"

'xuoe 揎　〈动〉发衣卷袖:伊~起衣裳管。|伊挦起衣裳袖子管,~出臂把来。◇《广韵》平声仙韵须缘切:"揎,手发衣也。"

yao 闄　〈动〉折起,隔开:纸头先要一~二再写字。|早浪起来,被头要~好。◇《广韵》上声小韵於小切:"闄,隔也。"

yhan 炀　〈动〉熔化:火烧得连铁都~脱了。◇《广韵》平声阳韵与章

39

切:"炀,释金也。"《广韵》平声阳韵与章切:"炀炀,出陆善经《字林》。"◇又作"烊"。烊:熔化,溶化:太阳一开,雪就要~了。

yhi 衍 〈动〉溢流:水衍出来。◇《集韵》去声线韵延面切:"衍,水溢也。"

yhi 勩 〈动〉磨损:辫只螺丝钉老早~脱,怪勿得哪能转也转勿进去。◇《集韵》去声祭韵以制切:"勩,《说文》,劳也,引诗:莫知我勩。"

yhik 枼 〈形〉薄枼枼:薄片状的样子。丨~~薄:非常薄。◇枼,《广韵》入声叶韵与涉切:"枼,薄也。"◇俗写作"叶"。

yhuik 燏 〈动〉火跳动:火一~一~。◇《集韵》入声术韵允律切:"燏,火光貌。"

'yi／'yu 匽 〈动〉隐去:火一歇歇~下去了。◇《广韵》上声阮韵於幰切:"匽,隐也。"

'yi 瞖 〈名〉眼珠上生白。◇《广韵》去声霁韵于计切:"瞖,目瞖。"

'yi 瘱 〈名〉疮痂或伤痂:疮疤浪再有一层~。◇《集韵》上声琰韵于琰切:"瘱,疡痂也。"

yi 㩪 〈动〉量比(长度):~尺寸做衣裳。丨~~长短。◇《广韵》上声阮韵于切:"㩪,物相当也。"

yik 揞 〈动〉用手遮盖:伊~牢仔一张牌,勿拨我看。◇《集韵》入声盍韵乙盍切:"揞,以手覆也。"

yik 抑 〈动〉按着吸干:拿水~干。◇《广韵》入声职韵于力切:"抑,按也。"

yin 瀴 〈形〉冷,凉:天气~飕飕。丨水~得来。◇《集韵》去声映韵于孟切:"瀴,冷也。"

yin 湮 〈动〉液体落在物上或顺着缝道儿向四处散开或渗透:打碎水缸隔壁~。丨辫种纸头要~水个。◇《广韵》平声真韵于巾切:"湮,落也,沉也。"

yok 刖 〈动〉折:一张纸头一~两。◇《广韵》月韵鱼厥切:"刖,折也。"

zak 圁 〈形〉坚硬,结实:硬~。丨硬~~。◇《玉篇》卷第二十九口部陟革切:"圁,圁圁,硬貌。"◇俗写作"扎"。

zak 粚 〈动〉把粉调入粥、菜或水使成糊状:䞐盆菜勿要忘记~腻(勾芡)。｜~粥。◇《集韵》入声陌韵陟格切:"粚屑米为饮,一曰粘也。"◇俗作"着"。

zak 着 〈动〉①穿:鞋子~辣脚浪。｜~衣~袜~鞋子。②下棋:~象棋。◇《广韵》入声药韵张略切:"着,服衣于身。"

'zan 睈 〈动〉看望;略加探望:我朝病房里~了一~,呒没人。｜~亲眷,望朋友。◇《集韵》平声阳韵中良切:"睈,目大也。"◇俗写作"张"。

'ze 劗 〈动〉切,剁:~一斤肉。｜~~肉浆。◇《玉篇》卷第十七刀部子践切:"劗,剃发也,减也,切也。"《广韵》桓韵借官切:"劗,剃发。"

ze 嫨 〈形〉赞誉事物之好:䞐种纸头写起字来~得一塌糊涂。◇《玉篇》卷第三女部三十五作旦切:"嫨,好容貌。"《说文解字》:"嫨,白好也。"段玉裁注:"色白之好也。"《通俗文》:"嫨,服饰鲜盛谓之。"◇俗写作"赞"。

'zen 拶 〈动〉手推挤压:~奶。｜~牙膏。◇《集韵》去声恨韵祖寸切:"拶,《说文》,推也。《玉篇》:挤也。"◇俗写作"掺"。

'zen 敒 〈动〉敲击:凳子榫头松脱了,要~~紧。◇《集韵》平声真韵之人切:"敒,喜动也,击也。"

zen 黰 〈形〉乌黰白花:受霉的状态。◇黰,《集韵》上声轸韵止忍切:"黰,黑谓之。"《正字通》:"黰也作,阴湿之色曰霉,气著衣物,生斑沫也。"

'zendha 蒸簎 〈名〉木制圆形的架子,常用于蒸糕。◇簎,《集韵》上声骇韵徒骇切:"簎,竹器。"

'zo 摣 〈动〉用五指捉物:~牢䞐只蟹。◇《集韵》平声麻韵庄加切:"摣,《说文》,叉取也。"《释名》:"摣,叉也,五指俱往叉取也。"

zok 喑 〈动〉小儿空吮:小囡吮奶吃,嘴巴还辣辣一~一~。◇《字汇》:"喑,喑吮,以口吸物也。"

zok 挚 〈动〉把散乱的条状物反复顿动弄整齐:拿䞐眼柴~~齐再缚

起来。|侬牙齿~~齐再讲话。◇《集韵》入声尾韵张六切:"𥮕,以手筑物。"◇俗作"捉"。

zok 灼 〈动〉烧热:火~紧仔,汗潞潞渧。◇《广韵》入声药韵之若切:"灼,烧也,炙也,热也。"

'zong 䞨 〈动〉急行的样子:跑起路来~咔~。|一~一~。◇《集韵》平声锺韵即容切:"䞨,急行也。"

'zong 夂 〈动〉举步;两腿弯曲下蹲后,并拢向前跳:朝前一~,跳出三尺远。◇《广韵》平声东韵子红切:"夂,飞而敛足。"

'zong 翪 〈动〉鸟类翅膀上下飞动的样子:翅膀往上一~一~,飞出老远。◇《广韵》平声东韵子红切:"翪,耸翅上貌。"

'zy 剚 〈动〉置刀或其他锥状硬物于物内:刀~辣里向。◇《集韵》去声寘韵侧吏切:"剚,插刀也。"

zy 疰 〈动〉夏季精神倦怠,胃纳不佳:~夏。◇疰,《广韵》去声遇韵之戍切:"疰,疰病。"

'zysy 痍水 〈名〉疖痈出脓流出的带黄液体。◇痍,《广韵》平声脂韵旨夷切:"痍,积血肿貌。"

分类音序排列易写错词的正音正字

上海有很多人现在喜欢写上海话文章，但是因为过去很少接触看到上海话的文字作品，所以对许多日常用语的正确写法了解很少。对于有些较多接触上海话的人来说不会感到是难字的字，对他们来说就成为"难字"了，在使用时很需要查对一下。报刊编辑，尤其是电视台布置的背景墙和对于台词的配字，更不应该出现错字。以下词汇是专供那些对上海话书面语使用比较陌生或过去很少接触的人备查常用词正确写法的。对于有些看上去与普通话相似并不难认，但有不同的上海话义项或用法的字，也归入此表。我们希望大家在微信上也尽量不用错字，在吃不准字的写法时，查阅此表，尽可能避免出现错字。上海《新民晚报》自2010年开始至今，每两周星期日有一整版《上海闲话》专版，刊登读者用上海话写成的文章，从一开始就启用正确的上海话词语书写。对于投稿者来说，也可以在写作时查阅一下字的正确写法，以免增加编辑的改稿麻烦。

一、天

1. 天气

'bingao 冰胶　结冰。
bheoe 背暗　光线被遮住。
dhusy 大水　发洪水。
fak lanxin 发冷汛　来寒流。
'fongdhou 风头　接在"东、南、西、北"后，表示该方向吹来的风：刚刚辣辣吹西北风，现在转南~了。

hokxi 忽险　闪电。

jikbin 结冰

'ke yhan 开烊　化冰化雪：太阳一出，雪~了。

'kongshendhou 空阵头　打雷闪电而不下雨。

lanti 冷天　冬天

lexian 雷响　打雷

lok yhu 落雨　下雨。

miwhu 迷雾　雾。

nikti 热天　夏天。

qi shendhou 起阵头　乌云骤起。

qi whu 起雾

'sangdan 霜打　下霜。

shakdhile 着地雷　声音响亮，打到最近的地面，震天动地的霹雷。

shanjiakyhu 长脚雨　持续时间很长的雨。

shenddoufong 阵头风　阵风。

shendhouyhu 阵头雨　阵雨。

'ti yin 天㘆　天气寒凉。

whangmeti 黄梅天

xiaoyhancen 小阳春　夏历十月里和暖似春的天气。

xikzy 雪珠　雪粒儿。

'yinliandhou 荫凉头　凉快的地方。

'yinsyti 阴势天　阴天。

zokxik 作雪　温度骤降，雪将下未下的天气状况。

2. 时间

dhuhhouni 大后年

dhuqinlaozao 大清老早　一清早，大清早。

exik 晏歇　过会儿。

'gegadhou(shenguang) 尴尬头（辰光）　①事情做了一半。②时间不

凑合。③必要时。

ghekqian 搿抢　这会儿。

hhaodhou 号头　月。

hhoudhou 后头　后来；后面。

hhousoule 后首来　后来。

jhinqianbo 近抢把　最近一段时间内。

jhiuni 旧年　去年。

'jinzao 今朝　今天。

'keni 开年　明年。

lakyhuikli 腊月里　夏历十二月。

laodizy 老底子　很早的时候。

laoqinlaozao 老清老早　大清早。

laozao 老早　很早的时候。

liba 礼拜　星期。

minzao 明朝　明天。

ne 乃　①现在：事体已经做好，~我可以走了。②这下：伊一直无听我讲，~吃亏了。③于是，然后：做好了第一桩，~做第二桩。

ngemenxhi 眼门前　眼前。

nikjiak 日脚　日子。

niklixian 日里向　白天。

niyhadhou 年夜头　年底的时候。

'senganboeyha 深更半夜　深夜。

shenguang 辰光　时间；时候。

shoknik 昨日　昨天。

shongxhidhou 从前头　从前。

whanghundhou 黄昏头　傍晚时分。

xhinik 前日　前天。

yhadhou 夜头　晚上。

yhakuadhou 夜快头　傍晚。

45

yhalixian 夜里向 晚上。

zaolangxian 早浪向 早上。

zaolang 早浪 早上。

zaoshendhou 早晨头 早晨。

'zonglangxian 中浪向 中午。

二、地

1. 地面

dhegaklu 弹硌路 旧上海常见的一种小路,路面由高低不平的鹅卵石或小块花岗石砌成。车行常弹起,人行常硌脚。◇又写作"弹格路"。

dhongdhongnge 洞洞眼 小洞儿。

haha 圻圻 狭小的口儿或缝儿。

hhozakgok 下只角 在城市里,居住条件差,生活水平较低,居民文化层次、素质较低的地区。

huakhuak 豁豁 裂缝儿。

huakkou 豁口 ①破口,裂开的口子。②漏洞。

kongdang 空档 中间一块空的地方,中间一段空的时间。

lokxian 落乡 ①在市郊交界处。②偏僻乡村。

molu 马路 大街。源自上海租界新辟载人马车行走的大街道。

mo 沫 水沫子。

'secolukou 三叉路口 三条马路交叉之处。

shaoshao 槽槽 沟形的凹下去的地方。

sydhang(dhang)水荡(荡) 积水处;水坑。

sypao(pao)水泡(泡) 水泡儿。

whandhaoxi 横道线 马路中的人行道。

yhanjinban 洋泾浜 今延安东路处原是一条小河,名为洋泾浜,最早

46

是英租界与华界相交处,后是旧上海法租界和公共租界相交处,与上海南市华界也相近。在 19 世纪后期和 20 世纪初期,成为通商要地,通用一些上海语化的英语,称为"洋泾浜语"。今称讲夹杂汉语的不通的外语,夹杂别种方言的方言或普通话为"洋泾浜"。也引申为外行。

yhimolu 沿马路　靠街。

2．方位

'dangkou 当口　①口上。②一定的时间或地点范围内。
'dangzongwhanli 当中横里　中间。
'degu 对过　对面。
dhibhi 地皮　土地(一般指地的表面)。
'gaoden 高墩　高土堆。
'gaodhou 高头　……上。
goklok(dhou) 角落(头)　角落。
hhofongdhou 下风头　风所吹向的那一方。
lang(xian) 浪(向)　……上。
lewuni/leni 烂污泥　①土。②较脏的土或泥水。③扑克牌中的"2"。④比喻最小的。
lixian(dhou) 里向(头)　里面。
nga(di)dhou 外(底)头　外面。
ngaga 外界　地区以外
oedhouli 暗头里　暗处。
shakgok 趫角　对角:要走横道线,勿好~穿马路。
shakngadhou 趫外头　最外边:舿只台子排辣~靠出口个地方。
shakxik 石屑　细碎石。
shangfongdhou 上风头　风所吹来的那一方。
tigakbik 贴隔壁　隔壁。
whangso 黄沙　沙子。

whuban 河浜　小河。

whutedhi 河滩地　岸边上的滩地。

xhiademi 斜对面

'yaoni(se)goklok 幺二(三)角落　①冷落的地方；人迹罕到处。②很差的地方。

zoewegokzy 转弯角子　拐弯角。

三、人

1．身体

bicanzy 臂撑子　胳臂肘子。

bikdhou 鼻头　鼻子。

'bi 屄　女性生殖器。

cak 皵　皮肤开裂后形成的缝隙。

dhenkong 臀疭　肛门。

dhiaogoe 条干　身材。

dhoubhixik 头皮屑　头屑；头皮表面脱落下来的碎屑。

dhoulu 头脶　头发旋儿。

dhubhinge 肚皮眼　肚脐。

dhubhi 肚皮　肚子。

dhushan 肚肠　肠子。

dhuxhi(nge) 肚脐(眼)　肚脐。

geklekzok/geklokzok 胳肋竹　腋窝。◇"竹"是"肢下"的合音。

gha 骱　骨节与骨节衔接的地方：脱～。

hhoemao 寒毛　汗毛。

'hoxi 呵唏　呵欠。

hundhu 昏涂　睡觉时发出的粗重的呼吸声。

jiakjikdhou 脚节头　脚趾。

jiakmoedhou 脚馒头　膝盖。

jiakzydhou 脚趾头　脚趾。

'jigak 肩胛　肩膀。

jikdhouguoe 节头管　手指。

jikshyguek 脊柱骨　骨脊椎骨。

kekcong 瞌晄　瞌睡。

kuedhou 块头　①身体胖瘦程度，尤指面部胖瘦。②以货币"圆"为单位：一张五~。

lekbhanguek 肋棚骨　肋骨。

loe 卵　①阴茎。也泛指男性生殖器。②[詈]胡说。

loepao 卵脬　阴囊及睾丸。有时仅指阴囊。

migazy 面架子　脸庞；脸型。

ngakgokdhou 额角头　①额头。②侥幸。

ngehu 眼火　视线，眼光的聚焦力。

ngejin 'ji 眼睛尖　眼力好，看得快而清。

ngepao（bhi） 眼泡（皮）　眼皮。

ngewuzy 眼乌珠　眼珠。

niokqiakbhi 肉敠皮　指甲边翘起的一丝皮。

nyuoedang 软档　①身体上软的部位，胸、腹等。②喻差的部位或把柄。

shetu（sy） 馋唾（水）　口水。"馋"又作"涎"，音同。

soubibo 手臂巴　手臂。

soudixin 手底心　手心。

soujikdhou 手节头　手指。

soujikkak 手节掐　手指甲。

'sy 尿　小便。

whusu 胡苏　胡须。

wu 污　大便。

'yaonge 腰眼　腰部。

49

'yaozy 腰子　肾。

2．气质

benzok 本作　底气。
bhekxianxin 白相心　玩的劲头和兴味儿。
diajin 嗲劲　妩媚娇滴滴的神情。
diasendiaqi 嗲声嗲气　撒娇的声音姿态。
jiakho 脚花　①脚力。②应付的架势。
jiakjin 脚筋　足力。
jindhao 劲道　力气,劲儿。
jixin 记性　记忆力。
likdhao 力道　力气;力量。
likzok 力作　天生的力气。又称"本作 benzok"。
mangjixin 忘记心　易忘的毛病。
maxian 卖相　①卖货的品相。②表面样子。有时特指人的面相。
nasennaqi 奶声奶气　①孩子说话时的腔调。②成人说话声音如孩子腔调。
nidhou 念头　①瘾。②脑筋、想法。
ninxinmin 人性命　人命。
'qiandhiao 腔调　①说话声音。②调门。③形象,模样、样子。
'qiansy 腔势　神态,模样。
'sanxin 生性　性子。
shanxin 长心　恒心。
whenlin(xin) 魂灵(心)　灵魂。
whewangxin 回往心　后悔心,回转的心思。
xiaonoebhiqi 小囡脾气　孩子气。
'xinjin 心境　心绪,心情。
'xinxian 心想　①心思。②耐心:俚做事体真有～,所以做得成功。
xinzy 性子　性格。

3. 亲属

akgu 阿哥　哥哥。

'ayhi 阿姨　妈妈的妹妹。

bakbak 伯伯

dhixinfhu 弟新妇　弟媳。

'diadia 爹爹　爸爸。

'gazybhu 家主婆　[旧]老婆。

'guanoe 乖囝　①长辈对小孩出自内心喜爱的称呼。②乖孩子。

'guaxingoe 乖心肝　宝贝,乖孩子。

gufhangnian 过房娘　①领养丈夫的兄弟等亲属的子女作为自己子女的妇女是所领子女的过房娘。②干妈。

gufhangyha 过房爷　干爹。

jhiuma 舅妈　舅母。

jidia 寄爹　干爹。

jimedhaoli 姐妹道里　姐妹之间。

laodia 老爹　爷爷。

maojiak(nyuxi) 毛脚(女婿)　女儿的未婚夫。

menian 晚娘　后母。

'mma 姆妈　妈妈。

ngasannoe 外甥囝　外甥女。

ngasan 外甥

nianjhiu 娘舅　舅舅。

'niannian 孃孃　父亲的姐妹。

nian 娘　母亲的引称。

nizy 儿子

'nna 唔奶　奶奶。

noeng 囡儿　女儿。

nyuxiaonoe 女小囝　女孩。

nyuxi 女婿

'qinga 亲家　子女结亲的两家。

'qinjuoe 亲眷　亲戚。

sennian 婶娘　婶婶。

'sennoe 孙囡　孙女。

shanmnian 丈姆娘　岳母。

shannin 丈人　岳父。

xiaonoe 小囡　小孩。

'xinfhu 新妇　媳妇。

yhasok 爷叔　叔叔。

yha 爷　父亲的引称。

yhifu 姨夫

yhima 姨妈　妈妈的姐姐。

yikgamen 一家门　一家子。

4．称谓

dhaobhoe 道伴　同伴;朋友;常在一起有交情的人:我个～勿多,常常感到孤独。

dhuhaolao 大好佬　①大人物。②[俚]什么事都做不好的人。

gakli 家里　称呼某人。有时可带点贬义。前接某人的姓。◇"家"音轻化为入声字音,读如"夹"。

linso 邻舍　邻居。

madhasao 马大嫂　主持日常家务的人(谐音"买、汰、烧",即"买菜、洗菜、煮菜")。

maksannin 陌生人

'memedhou 妹妹头　小妹妹。

noexiaonoe 男小囡　男孩。

'sansou 生手　新做某项工作,还不熟悉的人。

shoknin 熟人

shosou 熟手　熟悉某项工作的人。

'somnian 舍姆娘　产妇。

'syfhu 师傅　①对各行各业中有专长者的一般尊称：皮鞋～|大菜～|剃头～。②对被拜师者的尊称。③对一般不相识者的尊称。◇也写作"司务"或"师父"。

'symu 师母　①称老师的夫人。②称老师傅的夫人。③称知识阶层家的女主人。

xiaogunian 小姑娘　女孩。

xiaomaodhou 小毛头　婴儿。

四、衣

1. 衣料

'denxinniong 灯心绒　有凸出条形的绒布，条形如灯心。

fushou 府绸　全棉织物，布面比较光洁。

hefuniong 海夫绒　长立绒织品，常做衣领子或女大衣。

'honi 花呢　表面起条、格、点等花纹的一类毛织品。

moso 麻纱　全棉织物，结构松，比较柔软，适合制作夏装。

niongbu 绒布　有绒毛的棉布，柔软而保暖。

'paopaoso 泡泡纱　有水泡状凹凸形的棉布。

shaoyhankak 朝阳格　彩格布。

syguangmi 丝光绵　表面光闪的全棉布料。

xini 线呢　一种质地厚实的棉织品，用有颜色的纱或线按不同花型织成。

yhuso 羽纱　一种薄的纺织品，用棉、毛或丝等混合织布，用来做衣服里子。

'yishang liaozok 衣裳料作　衣料。

2．服装

akfakmao 压发帽 睡时保护发型的帽子。

bakgejhun 百裥裙 有许多同样大小的直褶的裙子。

bedaku 背带裤 裤腰上装背带的裤子。

bhaohha 跑鞋 低帮布面胶底鞋。

bhaojhun 抱裙 方形的、包婴儿用的被。

bhinjiakku 平脚裤 一种衬裤,裤管较一般短裤短,前后裤裆之间用一块横条布连结。起源于运动员的短裤。

cenli 衬里 里子。

dakpe 搭襻 能扣着另一端的长形布条或金属条。

dange 打裥 服装上做皱褶。

'dang 裆 ①两条裤腿相连的部分。②两条腿的中间。

dhak'bi 踏边 用缝纫机缝衣服的边。

dhin bhidhou 定被头 缝被子。

dhougu 头箍 用来固定头发、套在头上的箍状物。

doetongku 短统裤 短裤。

doetongmak 短统袜 短袜。

'doubhong 兜篷 斗篷。

fakda 发带 箍住头发的带子,一种装饰。

'fongxikmao 风雪帽 防风帽。

'fongyi 风衣 挡风的外套。

gadhoutao 假头套 制成的假发头套。

gakli 夹里 ①衣被里子。②用作"体面"的反义(常与"面子"连用)。

'gaobangbhihha 高帮皮鞋 冬天穿的防寒用帮较长的皮鞋。

'gaogenbhihha 高跟皮鞋 鞋跟很高的皮鞋。

gunbi/gun'bi 滚边 把窄长的布条缝在布料、衣物的边上。

hhandhou 行头 ①演戏时的服装。②较时髦的服装。

hhatao 鞋套 进入电脑房或有些人家住房时套在鞋子上的塑料套子。

hhoese 汗衫 贴身穿的针织品,可作内衣,也可外穿。

jhibhao 旗袍 在上海形成并盛极一时的一种女子外服。具有满汉融合的特点,又吸收了欧美风尚,能充分表现身体曲线美和各种花样,除保持立领、斜襟、盘扣、边衩的满服特色外,又在剪裁、面料、质地、装饰、开衩、款式、精致等方面下功夫,不断改进,形成独特的海派风格,成为一个时代女性的形象代表。

jhunku 裙裤 裙形的裤子。

juoedhou 绢头 手帕。

kaobi/kao 'bi 拷边 锁边:伊个工作就是脱人家衣裳布料~。

'kese 开衫 衣襟对开的针织衣服。

'koejinda 宽紧带 松紧带。

kudang 裤裆 两条裤管相连的部分。

lakzokbao 蜡烛包 裹婴孩的小被,头部露出,包法同包蜡烛。

langyishang 晾衣裳 晾衣服。

lianyhongse 两用衫 能罩在毛衣外面也能罩在衬衫外的外套。一般是在春、秋季穿的薄外套。

lidangku 连裆裤 ①不开叉的裤子。②比喻同谋、同伙:㑚两个人是着~个。

lindhou 领头 衣领子。

lintao 领套 毛线织成的较宽的圆环,套在衣领外面,使脖子保暖。

lisejhun 连衫裙 连衣裙。

mak/makzy 袜(子)

maktong 袜统 袜子掩盖腿的部分。

mimaoku 棉毛裤 一种较厚的棉毛针织单内裤。

mimaose 棉毛衫 一种较厚的棉毛针织单内衣。

mizy 面子 ①衣、枕等物的表面。②脸;体面。③情面。

mogak 马夹 背心。

nazao 奶罩 胸罩。

nilongdakkou 尼龙搭扣 用尼龙布制的彼此能紧密扣住的搭襻。

niudhou 纽头　纽扣。

niuzy 纽子　①纽扣。②中式服装上用布做的纽扣被扣部分。

'qiaobi/'qiao 'bi 缲边　做衣缝边,把布边往里卷进,再缝,使不露针脚。

qinniu 揿纽　子母扣儿。

'sefelin 三翻领　羊毛衫的长领子,穿时翻下呈三层。

shangtongmak 长统袜　长袜。

shantongku 长统裤　长裤。

sok sy 缩水　衣服放在水里洗了以后缩小缩短了。

'sybu 尿布　尿片。

taose 套衫　胸前无纽扣,贯头而穿的针织上衣。

tong 裥　鞋、裤、袜的管儿。◇俗写作"统"。

whakxikse 滑雪衫　内胆用腈纶棉或羽绒,面子一般用尼龙做成的冬令保暖外衣。

whudhikjik 蝴蝶结　①一种打扣的形式,形状像蝴蝶。②女孩子戴在头上或胸前的装饰,打扣形式像蝴蝶。

xhiutao 袖套　冬天防止袖口弄脏或厨房做菜洗碗时用的护袖。

xhiuzyguoe 袖子管　袖管。

yhanmaose 羊毛衫　羊毛制保暖内衣。

yhudhedhe 围袋袋　围嘴儿。

yhujin 围巾

yhuniongse 羽绒衫　内胆用羽绒,面子用尼龙或布制成的冬季保暖外衣。

yhusen(dhou)围身(头)　套在衣服外的布兜,系在颈上和腰上,能遮住保护前身的衣裤。

zaoku 罩裤　穿在最外面的裤子。

zaose 罩衫　罩在短袄或长袍外面的单褂。

zaoxhiu 罩袖　①套袖。②中装衣料做袖子的部分。

zekge 褶裥　衣服上经折叠而缝成的纹。

3．妆饰

dhangdhou 宕头　①挂件。②余下的零碎,如关牌、大怪路子等牌戏中的零散牌张。③钟摆。

jikkakyhou 节掐油　指甲油。

shokdhou 镯头　手镯。

tang dhoufak 烫头发　烫发。

zyshengao 嘴唇膏　①唇膏。②润唇膏。

五、食

1．米面

bhaguek nigao 排骨年糕　一种风味小吃,用大排骨和扁条形年糕加酱油等调料做成。

bhoemi 拌面　加油、酱油后冷拌的面条。

bikzydhoe 瘪子团　小团子,无馅,做时用手按出一个凹形。

boeyhafhe 半夜饭　夜宵。

cakdhougao 赤豆糕　掺有赤豆的用糯米粉制成的糕。

caomakfen 炒麦粉　炒熟的面粉,用开水和了吃。

caomiho 炒米花　爆米花儿。

'cenjuoe 春卷　油炸的面皮卷,内包菜与肉丝。

'congyhoubin 葱油饼　一种油煎饼,放葱(可加猪油块儿),半熟时再用文火烤成。

'cyfhe 粢饭　蒸熟的糯米饭。

'cyfhedhoe 粢饭团　粢饭包上油条或加糖后捭成的团。

'cyfhegao 粢饭糕　糍粑糕,油炸而成。

dhabin 大饼　烧饼。一种圆形或长圆形的面粉制饼,表面上有芝麻少许。

dhaotangfhe 淘汤饭　用汤水冲泡的饭。

dhedhiaobin 苔条饼　加入苔条粉做成的硬脆饼。

dhijiunian 甜酒酿　酒酿。

dhoezy 团子　用糯米粉做成的圆球形食物。

dhouwhujian 豆腐浆　豆浆。

'fangao 方糕　中有豆沙馅儿的方形软糕。

fhepaozok 饭泡粥　①饭加水煮成的粥。②啰唆。◇取"饭"与"烦"同音。

fhewoedhou 饭碗头　①留在碗里的、吃剩的一两口饭。②喻工作、职业。

fhe 饭　米饭。

gaksanfhe 夹生饭　煮成的半生半熟的饭。

gakxinbingoe 夹心饼干　①一种饼干,两片饼干中间用奶油或巧克力酥等粘合而成。②喻指夹在中间,两边受气的人。

gujhiao/gu jhiao 过桥　①预备好的在热汤面条上加上去的菜肴。②把一方介绍给另一方。③转手。

'gutik 锅贴　油煎熟的饺子。

hakokwhang 蟹壳黄　内含酥油、外有芝麻的小烘饼,因色、状似蟹壳而得名。

hhedhou 馅头/**hhezy** 馅子　馅儿。

hhesoefhe 咸酸饭　和青菜等一起煮成的饭。

'hojuoe 花卷

'hongseyhu 烘山芋　烘烤熟的红薯。

'jiaodhou 浇头　①浇在面条或米饭上的菜肴等。②比喻写文章时特地加上去的修饰。③奖金余额或额外的小好处。

'jidhegao 鸡蛋糕　蛋糕。

'jidhemibin 鸡蛋面饼　薄形包卷的面饼,上加鸡蛋糊、葱、香菜、榨菜末和甜面酱,包裹油条或脆饼。常见早点。

lanmi 冷面　蒸熟后冷却的面条,加芝麻酱、辣油等拌吃。

laohujiakzao 老虎脚爪 一种甜味烘饼。正面形似老虎爪子。

lesoyhuoe 擂沙圆 糯米粉做成的馅为豆沙的团子。上海本地特产。

lewumi 烂糊面 煮得又软又糊已不成形的面条。

lianmiwhang 两面黄 一种蒸后用油煎成两边焦黄色的面条。

mibin 面饼

migekdak 面疙瘩 一种面粉做的主食,形状任意,呈团状,放在滚水中煮熟而食。

mijiaodhou 面浇头 吃面条时加上去的菜肴或酱汁。

misaozok 米烧粥 用生米煮成的粥。◇区别于用冷饭烧煮的饭泡粥,烧煮时间长,用文火。

moedhou 馒头 有馅的包子,无馅的馒头,都称馒头。

mojhiu 麻球 一种糯米点心。球形,内含豆沙,外粘芝麻,油炸而成。

nigao 年糕

'paofhe 泡饭 加水稍煮或用开水冲泡的饭。

'qianbin 羌饼 一种圆形烙饼,厚实,直径有尺许。

'sanjimoedhou 生煎馒头 用油煎熟的一种小包子,肉馅。

'saoma 烧卖 一种点心,皮薄,用面粉做成,内包糯米与肉做的馅。

shokpaomi 熟泡面 方便面,快餐面。

'songgao 松糕 一种米粉糕。一般是圆形,直径可近一尺,糕中放豆沙、赤豆等,面上嵌有枣子、胡桃、蜜饯等。

syjiao 水饺 饺子。

takbin 餢饼 单用面粉做的一种较硬的饼。咸餢饼,加猪油等燷出;甜餢饼,内含甜馅的餢饼。

'tangbao 汤包 用蒸笼蒸的、内含较多汤水的小型包子。

'tangdhoe 汤团 内含豆沙、芝麻或肉馅的糯米团,放在滚水里煮熟后吃。

whendhen 馄饨 用薄面粉皮包馅而成,煮熟后带汤吃。

xiaolongmoedhou 小笼馒头 用小蒸笼蒸的一种小型肉包子。

yhafhe 夜饭 晚饭。

yhancenmi 阳春面　光面。

yhoudenzy 油墩子　一种面粉做的食品,用椭圆形模型做成,内含萝卜丝等,油炸至熟。

yhoudhiao 油条　①一种长条形的油炸发酵的面食。常包在大饼中作早餐食用。②喻做事马虎,推拨不动,吊儿郎当的人。③油滑的人,不守信用的人;老于世故、处事圆滑而不吃亏的人。

yhoushakgue 油煤烩　油条。

yhuoezy 圆子　①一种用米粉做的小而无馅的团子。②内含豆沙、芝麻或肉馅的糯米团子。

yingao 印糕　用带花纹的木模压制的糕。

zendhoumibao 枕头面包　一种长方形面包。

zongzy 粽子

2. 荤菜

akbang 鸭膀　鸭翅膀。

akdhe 鸭蛋　①鸭生的蛋。②喻指零分:我一点考勿出,吃只~。

akzengoe 鸭肫干　干鸭肫。

baong 爆鱼　油炸的鱼块。

bhaguek 排骨　①带肋骨的猪肉:糖醋~。◇又称"小排骨"。②里脊连在半边脊椎骨上构成的猪肉食品。◇又称"大排骨"。③瘦得看得出条条肋骨的人。

bhakli 白鲢　鲢鱼。

bhakshakdhe 白煤蛋　带壳水煮的鸡蛋。

bhakwhudhe 白和蛋　水煮的鸡蛋。

bhakwuju 白乌龟　因忌讳"鹅"与"我"同音而对"鹅"的别称。

bhakzeji 白斩鸡　白煮后切开的鸡块。◇斩,俗写作"斩"。

bhanjhi 螃蜞　螃蟹的一种,体小,生长在水边。

bhence 盆菜　放在大盆子里的、经过搭配的荤素生菜,可以直接烧炒。

bhidhe 皮蛋　松花蛋。

caksao 叉烧　一种先烤后烧的肉食品。

caoji 草鸡　私家养吃谷物长大的鸡。与机械化饲养的各种肉用鸡或蛋用鸡相区别。

caoqin 草青　草鱼。◇又称"草千"。

'cobing 叉鳊鱼　鲳鱼。

'cyji 雌鸡　母鸡。

dendhe 炖蛋　打和后加水蒸成的蛋。

dhangling 塘鳢鱼　土咬鱼。

dhebhak 蛋白

dhecaofhe 蛋炒饭　用打和的鸡蛋加油炒的饭。

dhehuang 蛋黄

dhijin 蹄筋　猪腿上抽出的韧带。

dhiji 田鸡　青蛙。

dhilu 田螺

dhipang 蹄髈　作为食物的猪大腿。

dhongzyji 童子鸡　未发育的公鸡。

dhudang 肚档　菜谱上称鱼腹部多肉少刺的部分。

dhushakha 大煠蟹　中华绒蟹。◇又作"大闸蟹"。

duzy 肚子　猪肚。

'fangte 方腿　熟硝肉,方形。一种熟菜。

fhongza 凤爪　一种菜肴,用鸡爪加调料烹调而成。

'fongji 风鸡　用盐、花椒涂抹在腔内后风干的鸡。

'fongniok 风肉　烤干的腌制过的猪肉。

gakxin 夹心　猪前胸小排骨以下的肉。

heshekbhi(zy) 海蜇皮(子)　海蜇皮。

heshek 海蜇

hhe(ak)dhe 咸(鸭)蛋　腌制的鸭蛋。

hhongsaoniok 红烧肉　用酱油等作料煮成的块状肉。

61

hhongshan 红肠　一种塞在管状肠衣中的熟肉,表面红色。

'ho/'hoe 虾　◇hoe 的读音是"虾儿"的儿化合音 hong,后失落鼻化的 ng 音,变成 hoe 音。

'hoenin/ 'honin 虾仁　虾肉。

'holi 花鲢　鳙鱼。

huaksy 豁水　分水。指鱼尾,特指青鱼尾。

huaksy/huak sy 豁水　①把水泼洒出去。②汽车前窗装有的刮水器将雨水排除。

jhundace 裙带菜　呈带似裙边的海中植物,海带的一种。

jiakhhng 甲鱼　鳖。

'jiakxuiktang 鸡鸭血汤　一种风味小吃。将新鲜鸡血或鸭血倒入沸水中加热凝固,切成小的长方块,放入加有调味品、蛋丝、鸡杂等的汤中而成,味鲜美。

jianwedhe 酱煨蛋　剥壳后放在酱油里和猪肉一起煮熟的鸡蛋。

'jidin 鸡丁　切成小块的鸡肉。

'jijiakzao 鸡脚爪　鸡爪。

jikquoe 脚圈　猪小腿。

'jinniok 腈肉　瘦肉。

'jizen 鸡肫　鸡的胃。

'kaozyng 烤子鱼　凤尾鱼。

'keyhan 开洋　去壳的大虾干。

lakdhiao(niok)肋条(肉)　带肋骨的肉。该肉在肋边多层、肥瘦相间。

lakshan 腊肠　一种熟肉食,猪的瘦肉泥加肥肉丁和作料,灌入肠衣,再经煮烤制成。

laomuji 老母鸡　已生蛋多年的鸡。

la(sy)gakbo 癞(水)蛤巴　癞蛤蟆。

lung 鲈鱼　一种淡水鱼,上部青灰色,下部灰白色,刺少肉质嫩滑。

lusy 螺蛳

menqian 门腔　猪舌头。

minho/minhoe 明虾　对虾。

mishanng 面杖鱼　银鱼。

moeli 鳗鲡　海鳗鱼或河鳗鱼。

nghoniok 五花肉　特指三层瘦两层肥间隔带皮的肉。有时也指多层肥肉和瘦肉夹心的肉。

ngu 鹅

ngxi 鱼鲜　鲜鱼。

ngyhuoe 鱼圆　鱼丸子。

niok 肉　①猪肉:买三斤~。②人身上的肉。

niokbhi 肉皮　①猪肉的皮。②油炸后风干的猪皮。

niokdhoe 肉段　鱼、虾等食物中肉集中的一段。

niokdhou 肉头　①肉,肉层。②喻某人殷实的程度。

niokdin 肉丁　切成小方块状的肉。

niokjian 肉酱　肉糜。

nioksong 肉松

nioksy 肉丝　切成细条形的猪肉。

niokyhuoe 肉圆　肉丸子。

niubakyhik 牛百页　作菜肴的牛胃。

niuniok 牛肉

niuniokgoe 牛肉干　加工制作过的熟干牛肉。

pangdhoung 胖头鱼　鳙鱼。

qianha 醃蟹　用酒或酱油腌制的蟹。

qianhoe/qianho 醃虾　用酒或酱油腌制的虾。

sewhangji 三黄鸡　上海浦东产的名种鸡,脚黄嘴黄皮黄。

'sexitang 三鲜汤

shoesy 鳝丝　烫熟后划成条状的鳝鱼。

shoyhikdhe 茶叶蛋　用茶叶、茴香、酱油等作料煮熟的鸡蛋。

shyjhi 时件　鸡、鸭内脏中做菜的肝、心、肫、肠合称。

shyng 鲥鱼　一种有名的海鱼,脂肪厚,味美。

'soelaktang 酸辣汤　一种有酸味和辣味的菜汤。

sypudhe 水潽蛋　将鸡蛋打入沸水中不加搅拌地煮熟,加盐或糖吃。

'syzydhou 狮子头　大的肉丸。

'tangsexi 汤三鲜　用"三鲜"和包心菜煮成的汤。"三鲜"多指肉皮、鸡块、鱼块。

'tangsy 汤水　菜汤。

whangngxian 黄鱼鲞　黄花鱼干。

whangnilu 黄泥螺　泥螺。

whangshoe 黄鳝　鳝鱼。

whubaodhe 荷包蛋　去壳后不打散蛋黄在滚油里煎熟的整鸡蛋。因形如荷包,故称。

whuce 和菜　配好的多盆煮熟的大众化菜肴。

whuha 河蟹　淡水蟹。

(whu)jing（河)鲫鱼　鲫鱼。

'wuqin 乌青　青鱼。

'wuqi 乌千　青鱼的一种。

'wushekng 乌贼鱼　乌贼。

xiaobha(guek)小排(骨)　猪颈以下附有少量肉的背椎骨、肋骨。

'yaoho 腰花　猪肾划出交叉的刀痕后切成的小块儿。

yhongji 雄鸡　公鸡。

yhoubaoho 油爆虾

yhouniok 油肉　肥肉。

'yidokxi 腌笃鲜　咸肉、鲜肉和竹笋合煮的汤菜。

'zongsan 众牲　①牲畜。②骂人若畜生。

zouyhouniok 熁油肉　用油炸后再蒸使皮松软的猪肉。

zozybha 炸猪排　将猪排涂上面粉或面包糠后用油炸成的食品。

'zydhouniok 猪头肉　猪头上的肉。

'zylu 猪猡　①猪。②骂人愚蠢似猪。

3. 素菜

bakyhik 百页　一种形薄如纸的豆制品。
biji 扁尖　嫩笋加盐做成的笋干。
caodhou 草头　苜蓿的嫩叶。
cegoe 菜干　干菜。
'daodhou 刀豆　四季豆。
dhace 大餐　西餐。
dhadhouce 大头菜　根用芥菜。
dhasoedhou 大蒜头　大蒜的鳞茎。
dhoumiao 豆苗　同"寒豆藤"。
dhoungace 豆芽菜　①发芽的黄豆。②喻指又瘦又高的青少年。
dhouwhuho 豆腐花　豆腐脑儿。
dhouwhuyi 豆腐衣　豆腐皮儿。煮熟的豆浆表面上结成的薄皮。
dhouzypin 豆制品　用豆类制成的食品,如面筋、烤麸等。
dhubhakce 大白菜　大型白菜。
dhuce 大菜　①酒席上最后上桌的全鸡、全鸭等菜肴。②大青菜。
'dongsen 冬笋　冬天挖出毛竹的地下笋。
fakngadhou 发芽豆　蚕豆发嫩芽而成的一种菜肴。
'fegha 番茄　西红柿。
fenbhi 粉皮　用绿豆粉、白薯粉等淀粉制成的片状豆制品。
'gace 芥菜
'gaobhak 茭白　菰。
gelece 橄榄菜　一种长柄绿叶蔬菜。
hhece 咸菜　用雪里蕻腌制而成的菜。
hhoedhoudhen 寒豆藤　豌豆嫩茎叶。
hhoedhou 寒豆　蚕豆。
'hoce 花菜　花椰菜。
hhonglin 红菱　红色的嫩菱。

jiance 酱菜　油酱店里卖的腌制的菜蔬,有乳瓜、萝卜丝、大头菜等。

jiango 酱瓜　用酱油等腌制的黄瓜。

'jimaoce 鸡毛菜　叶子形状和大小与鸡毛相仿的小青菜。

juoexince 卷心菜　结球甘蓝。

'kaofu 烤麸　用面粉糊经发酵做成的一种食物。

laobhok/lubhok 萝卜　因"萝"在老上海话里读"lao"音,与"下 hhao"同韵,直到现今仍读作"老卜"。

laobhokgoe 萝卜干　把萝卜切成条或块经腌制、晒干而成。

lin 菱　菱角。

lokdhounga 绿豆芽　绿豆发制成的豆芽。

loksu 落苏　茄子。

maodhou 毛豆　刚结实的大豆。

maosen 毛笋　毛竹的笋。

mefu 霉夫　烤麸再经霉化制成的一种食品。

megoece 霉干菜　一种经发酵加工制作过的干菜。

mijin 面筋　①用面粉加水拌和,洗去所含的淀粉后剩下的黏状物。②"油面筋"和"水面筋"的合称。

mixi 米苋　苋菜。

ngou 藕

niuxince 牛心菜　呈塔形、如牛心状的包心菜,比扁平圆状的"卷心菜"质优。现亦通说"卷心菜"。

'ongce 蕹菜　空心菜。

'paoce 泡菜

'sance 生菜　自西方传入的多种叶如大白菜形的生食蔬菜。

'sangdang 双档　一种上海小吃,由油面筋和百页包肉糜两样食品做成的汤。

sengoe 笋干　干笋。

'seyhu 山芋　甘薯。

(shan)gangdhou(长)豇豆　豇豆。

shoedhou 蚕豆

shywhu 乳腐　豆腐乳。

shyxi 时鲜　刚上市的、新鲜的小菜。

suji 素鸡　一种用百叶做成的豆制品,形容鲜味如鸡肉。

sushan 素肠　一种用面粉做成的像肠形状的"豆制品"。

suza 素斋　庙中做佛事时吃的净素饭菜。

syjhin 水芹　芹菜的一种。茎细长,叶生顶部,生长在浅水中。

syjidhou 四季豆　菜豆。

symijin 水面筋　一种水中煮成的面粉制品。

sysen 水笋　水发的干毛笋。

takkuce 塔棵菜　塔菜。◇又写作"塌窠菜"。

whangdhounga 黄豆芽　黄豆发制成的豆芽。

whangngace/whuangngace 黄芽菜　大白菜。

'wujusen 莴苣笋　茎用莴苣。

(xhia)dhangngou（斜）塘藕　藕。

'xiancendhou 香椿头　香椿树的嫩叶,供食用。

'xiance 香菜　芫荽,茎叶可生食,为菜肴中的配料。

'xiangu 香菇

'xianxhin 香蕈　香菇。

xiaoce 小菜　①下饭的菜肴。②菜场上的蔬菜和副食品。

xiaodhangce 小塘菜　小棵青菜。

xiaohhoedhou 小寒豆　豌豆。

'xice 西菜　西式菜肴。

'xicoe 西餐　西式饭食。

xifen 线粉　粉丝。

'xijhin 西芹　由国外传入的一种芹菜,形大。

xiklihong 雪里蕻　雪里蕻菜。多制成咸菜。

'xileho 西来花　由西方传入的绿色花菜,形较小。

yhakjhin 药芹　旱芹。有人认为有药味。

67

yhancongdhou 洋葱头　洋葱。

yhanseyhu 洋山芋　土豆。

yhoudhiaozy 油条子　一种油豆腐,呈条状。

yhoudhouwhu 油豆腐　油炸的小块豆腐制品。

yhoumensen 油焖笋　用油、酱油炒后再用微火煮熟的笋块。

yhoumijin 油面筋　用面粉经发酵、油炸做成的一种球形食物。

yhunadhou 芋艿头　①芋艿。②一种像芋艿的头型。

'zoce 榨菜　茎用芥菜,经腌制而成。

zoksen 竹笋　刚冒出土的嫩竹。

4．水果

'bango 崩瓜　长圆形、有浅绿色网纹的薄皮西瓜。

bhekdhao 荸荠　葡萄。

bhekxhi/bhikxhi 荸荠

bhikbhok 枇杷

bhudhao 葡萄

bhudhao 蒲桃　核桃。

dhili/dhilik 地栗　荸荠。

(dhi)lusu（甜）芦黍　甜黍。

'donggo 冬瓜。

fhende 文旦　柚子。

'hosenmi 花生米　花生仁。

molikzy 麻荔子　荔枝。

'sangli 生梨　梨。

shansengu 长生果　带壳的花生。

symikdhao 水蜜桃　一种优良的桃子品种。汁多味甜,原产于无锡。

xiaobhudhao 小蒲桃　山核桃。

5．调料、零食

bhakgu 白果　银杏树的果实。

bhakkesy 白开水　①煮开的水，内不加任何东西。②比喻淡而无味、没有任何可引起注意的内容。

bhangbin 棒冰　冰棍儿。

bhaobin 刨冰　一种冷饮。刨制成的细冰粒。

'bindhang 冰糖　结块呈冰状的白糖。

'binzoe 冰砖　砖状冰糕。

dhaobhe 桃爿　一种蜜饯，用半片桃核带肉制成。

dhepaosho 袋泡茶　用粉末状茶叶的小袋泡出的茶水。

dhexiangele 檀香橄榄　新鲜的青果。

dhimijian 甜面酱　面粉加甘草等制成的酱。

dhoubejian 豆板酱　面粉加豆瓣制成的酱。

ghuenayhou 掼奶油　一种制得较稀的奶油制品。

hakyhanso 黑洋沙　黑芝麻研磨成的粉，做馅用。

hhngxiandhou 五香豆　上海特产，用蚕豆加料制成。

hhome 话梅　一种蜜饯，加工制作的梅子。

'kaobigele 敲扁橄榄　一种蜜饯，经制作敲扁的橄榄。◇又称"敲瘪橄榄 'kaobikgele"。

'kesy 开水　煮开的热水。

lakhujian 辣货酱　①用辣椒制成的酱。②喻指苦头。

lakyhou 辣油

lankesy 冷开水　冷却的开水。

laojiu 老酒　酒，尤指白酒。

ligaodhang 梨膏糖　上海特产，一种提纯梨汁加以薄荷、留兰香、玫瑰等配制成的糖块。

micu 米醋　用米做成的醋。也泛指醋。

niksy 热水　热的水。

niubhidhang 牛皮糖　①一种内有芝麻的饴糖块儿。②比喻做事慢、作风拖拉。③比喻对人对事缠着不放。

saklakyhou 色拉油　拌做色拉用的油,由植物油制成。

'soemetang 酸梅汤　用乌梅等制成的夏季饮料。

'wentensy 温吞水　①不冷不热的水。②喻缺少热情,行动迟缓的脾气、性格和习惯。

'xianhozy 香瓜子　葵花子儿。

xikgao 雪糕　冰糕。

'xiongqindhou 熏青豆　经熏制的菜豆,味香。

yhanse 洋菜　琼脂。

yhoutenguniok 油氽果肉　油炸花生仁。

6. 烹调

bao 爆　在滚油中微炸或用滚水稍煮:油~虾。｜~鸡丁。

'bi 煸　把菜、肉等放在热油中略为炒一炒:勿要忘记脱鮝点竹笋烧之前先拿伊~一~,否则勿好吃个。

cao 炒　将食物放锅中加热并随时翻动使熟,炒菜时要先放油:糖~栗子。｜~青菜。｜~腰花。

'coekao 串烤　把块肉等食物成串地在火上烤。

'coe 氽　把食物放到沸水沸油里稍煮:黄鱼~汤。

den 炖　隔水蒸熟:蛤蜊~蛋。

dok 笃　用文火熬煮:~粥。｜~蹄髈。

gu whendhen 裹馄饨　包馄饨。

hho mi 下面　把面条放到开水锅里煮。

hoe 熯　①烘:~饼。②用极少的油烘:摆辣油锅浪~一~。

'hong 烘　用火烤的方式使食物变熟变干:~山芋。｜~面包。｜~大饼。

hue 烩　炒菜后加少量水和淀粉:~三鲜。

jiao ngama 叫外卖　呼叫餐饮店打包送饭菜:今朝勿烧饭了,打只电话

~好。

'ji ce 撧菜　夹菜。

'ji 煎　炸：~鱼。

kao 烤　将食物挨近火使熟或干：~肉。

kou 扣　把肉块煮到半熟,油炸后切片,加入作料用碗或其他器皿罩在上面蒸熟:回~肉。|扣肉。

'liu 熘　炸或炒后,加作料和淀粉:醋~白菜。|~鱼片。

'men 焖　紧盖锅盖,用微火把食物煮熟或炖熟:~饭。|油~笋。

ngao 熝　煨：~猪油。

niok mi 搦面　揉面团。

qi yhouhhok 起油镬　炒菜前把生的食油煨热变熟。

qian 䲑　用酒汁、卤汁、酱油腌:~蟹。

sak 涮　把肉片等放在开水里烫后取出蘸作料吃：~羊肉。

'saokao 烧烤　用火烤熟的食物,如牛肉、猪肉,有日式、韩式,也有中国四川式等。

'sao 烧　煮：~饭~菜。

shak 煠　把食物放在沸水或沸油里烧煮:拿菠菜先~一~。|~毛豆。|~蟹。

ten 氽　漂浮在油中炸：~油条。|~花生米。

we 煨　用微火慢慢煮:鳝丝~面。|~牛肉。

'wu 焐　用热的东西接触凉的东西使变暖,或使热的食物较长时间保持温度：~酥豆。

yhao 'tang 舀汤　用匙或大勺盛汤。

yok 渍　用椒油酱油浸藏鱼肉。

zak 粯　把粉调入粥、菜或水使成糊状,勾芡：~腻。

zanghao/zang 'gao 焋糕　在家里蒸做糕点。

'ze niok 劗肉　①剁肉：~肉酱。②用大刀砍下一大块肉。

zo 炸　将食物放在沸油中使熟：~虾球。

六、住

1．住房

bhinfhang 平房　无楼的房子。
bikshy 别墅
dhahho/dhaxia 大厦
dhaloufhangzy 大楼房子
'gamifhangzy 街面房子　临街的房子，往往开设店铺。
'gayhishak 阶沿石　台阶。
'gongfhang 工房
gugalou 过街楼　横跨在弄堂口之上的楼。
jhunfhang/jhiongfhang 裙房　沿街的高层房旁的低层（一般为两层）的围房，出租开店用。
longdhang 弄堂
maopefhang 毛坯房　未经装修的住宅房。
shakkumen 石库门
whendhang 混堂　公共浴室。
xhianjiakgen 墙脚跟　墙脚，墙基。
xiaoceshan 小菜场　菜场。
'xincen 新邨
yhanfhang 洋房
'yizydi 烟纸店　开在弄堂口的小杂货店。

2．屋内

bakyhikcang 百叶窗　一种可遮光线的窗，用整排的横片制成，用绳线或木制引手可以开合控制光线。
bebik 板壁　屋内用木板分割的墙壁。

bikgok(**lok**)壁角(落)　墙壁的四角,墙角。

'bulicang 玻璃窗

cakxiao 插销　门窗上的金属闩。

(**dha**)**yhokge**(汏)浴间　洗澡间。

dhiti 电梯

'gangcang 钢窗　用钢或铁做窗框的窗子。

goklou 阁楼　房间内房顶下加出的一层,可以放东西或住人。

hhojinxi 画镜线　房内墙上为挂镜架、画架而设的木条。

jinsen 进深　房间、厅堂的深度。

kakdhang(**ge**)客堂(间)　房屋底层供会客用的正房。

'kege 开间　①旧式房屋的宽度单位,相当于一根檩的长度。②现多指商店店面的大小。③一间房子的宽度。

ludhe 露台　露天晒台。一般在楼房的最高层。

luti 路梯　楼梯。

mendhangzy 门堂子　①门洞儿;门框。②喻指门第、阶层。

menjhiu(**jhiu**)门球(球)　圆球形门把手。

menjhiu 门臼　装在门槛上承门枢的石或木制臼形物。

modhongge 马桶间　卫生间。

oklixian 屋里向　屋里。

qicang 气窗　便于通风换气而设于门或窗上部的较扁平的小窗。

sadhe 晒台　在楼房屋顶设置的露天小平台,供晒衣物或人晒太阳用。

'socang 纱窗　为防蚊虫而在窗门上用金属或塑料丝增制的网状如纱布的副窗。

sylokguoezy 水落管子　①屋檐下排水管。②喻指输卵管。

sylongdhou 水龙头　自来水管上的开关。

taoge 套间　①小公寓房子。提供整套的住房。②两三间相连的屋子中的一间,没有直通外面的门。

'tijin 天井　房屋中间的小院子。

tikjiak(**xi**)贴脚(线)　墙壁贴近地板的四周木板,用以保护墙脚。

whesenge 卫生间　盥洗室。

whuxhianbe 护墙板　在墙壁中下部四周用木板制成的保护墙壁用的板壁。兼有美化墙壁作用。

'xianfhang 厢房　正方两边的偏房。

yhandhe 阳台

yhimen 移门　能左右移动的拉门。可节省空间。

yhubhan 雨棚　屋门前挡雨的天棚或简易挡板。

'yingoudhong 阴沟洞　地上排水沟通往地下排水沟的洞儿。一般上面加有布小洞的挡板。

zaodhou 灶头　灶。

zao(pi)ge 灶(披)间　厨房。

七、行

1. 车船

badhudhoe 摆渡船　渡船。

canbhongco 敞篷车　车窗可打开的轿车。

dhibhinco 电瓶车　充电式自助车。

fhusou 扶手　把手。

jiakdhakco 脚踏车　自行车。

laohutakco 老虎榻车　双轮平板人力拉货车。双轮和汽车轮子与一般的平板车即劳动车相同,但载重量大约为一吨。

laoyhaco 老爷车　质差劣等的车子。

lenbhoe 轮盘　轮子。

lente 轮胎

lianjiakco 两脚车　步行。

longdhou 龙头

midaoco 面包车　形似长方形面包的中型客车。

'selen jiakdhakco 三轮脚踏车　脚踩的三个轮子的运货车。

’selenco 三轮车　人力脚踏三个轮子的载人车。

shekyiklu dhico 十一路电车　喻步行。因两条腿形似阿拉伯数字"11"而得名。

shudhongco 助动车　用柴油、汽油或电带动马达发动的骑车。

shybheco 自备车　私家车。

takco 榻车　装载器物的人推车。

whangngco 黄鱼车　用脚踩与自行车紧连的二轮小货车。

xiaohulenshoe 小火轮船　小型轮船。

xiaoqico 小汽车　①小型的汽车。　②轿车。

’zaowhe 照会　牌照。

2. 交通

’bedhou 班头　班次。

’cao jhinlu 抄近路　①走近路,直穿近路。②走捷径。

dhiao dhou 调头　回过头来行驶。

’dou ’quoezy 兜圈子　①转圈儿。②说话绕个弯。

’dou yhuoelu 兜远路　绕远路。

’la ka 拉卡　刷卡。

pakco 泊车

sekco 塞车　交通堵塞。

shedhou 站头　车站。

yhuoedoulu 远兜转　绕远,弯远路:伊讲言话常常～,一眼也勿直截了当。

八、生活

1. 家具

aden 矮凳　矮小的板凳。

bakxinzok 八仙桌　供八人用餐的大方桌,用红木、棟木等硬木做成。

'coudhou 抽头　抽屉。

dhebe 台板　①桌面板。②桌面上的玻璃板。③课桌桌板下放书包处。

dhezy 台子　桌子。

dhushy 大厨

'gadang 家当　家产。

'gasan 家生　①家具。②手工业者的工具。③日用器具。◇"家私"儿化(加 ng 鼻化)读作"家生"。

gashy 㑔橱　放碗和菜的柜子。

'kaobeyi(zy)/'kaobangyu(zy) 靠背椅(子)　椅子。因有"靠背",故称。

ngdoushy 五斗橱　一种上下排有五个抽屉的柜子。

shoji 茶几　用于喝茶时放茶具的小桌子。一般较矮,适于置沙发前。

'suzangdhe 梳妆台　梳妆打扮用的家具,通常置有一面大镜子。

yhawhuxian 夜壶箱　床头柜。因旧时放置盛尿的夜壶而得名。

yhuoedhemi 圆台面　①坐八人以上的圆形的大桌面。②另制的圆形大桌面,需用时搁到小桌子上。③[俚]圆大的屁股。多形容女子的屁股大。

yhuoedhe 圆台　圆桌。

2. 卧具

bhidhou 被头　被子。

bhiniok 被褥　褥子。

'debhi 单被　被单。

dhibhi 垫被　褥子。

dhinikte 电热毯　冬季用通电保暖的床用毯子。

ghesen 隑身　背垫。

maojinte 毛巾毯　质地像毛巾的毯子。

menfong 门风　①门前帘。②一家世传的道德和处世准则。

menli 门帘　挂在门上的布或竹做的帘子。

mihote 棉花胎　用棉花纤维做成的絮被褥等的胎。

niokzy 褥子

xhikzy 席子

3. 炊具

bakdhou 钵头　钵儿。陶制器具,较小的盆,用来盛饭、菜、水等。

bhan 瓿　坛子。

bhokdao 薄刀　菜刀。

cedao 菜刀

dhangkoube 盪口杯　漱口用的杯子。

dhiaogan 调羹　汤匙。

dhikzy 碟子　小盆子。

'gang 缸　水缸。

'gangzongwhokzy 钢宗镬子　钢精锅,铝制。

gewoe 盖碗　一种有盖子的瓷茶碗,碗盖上有一个圆形的小槽,可以放小东西,如檀香橄榄。

goedhou 罐头　①罐子。②罐头食品。

jiube 酒杯　喝酒用杯。

jiuzong 酒盅　酒杯。

'ka(dhe)bu 揩(台)布　抹布。

'kue(zy)/kua(zy) 筷(子)

'kueshylong 筷箸笼　筷子筒。

lansywhu 冷水壶　放烧熟的冷水的水壶。

le(dhou) 篮(头)　篮子。

'saosywhu 烧水壶　煮开水的水壶。

'tangshok 汤勺　舀汤或作料用的勺子。

whokce 镬铲　炒菜用的锅铲。

whokzy 镬子　锅。

'zendenbe 砧墩板　砧板。

'zengak 蒸格　蒸做糕点的台格。

4．卫生用具

besek 板刷　洗衣用的无柄刷子。

bhishao 肥皂　◇有些普通话为 f 声母的字,在上海话中保留古音,读作 bh,如:"防止"的"防","缚牢"的"缚","肥皂"的"肥"。

cakbe 擦板　洗衣用的搓板。

'caozy 草纸　便纸。

'cousymodhong 抽水马桶　上接水箱、下通下水道的可抽水冲洗的瓷质马桶。

dhadhougao 汏头膏　用来洗头的乳液。

dhajikmaojin 汏脚毛巾　脚布。

dhicyfong 电吹风　做头发的吹风机。

fakgak 发夹　夹住头发的夹子。

'fenji 畚箕

ghakco 轧叉　发夹。通常指细条形的钢丝发夹,有弹性。

ghakdhou 轧头　夹子。

jiakbhen 脚盆　洗脚盆。

jikbu 脚布　洗脚、洗屁股用的毛巾,泛指洗下身的毛巾。

'jimaodoezou 鸡毛掸帚

juoefakdhong 卷发筒　做卷头发用的塑料圆筒形的用具。

langyishangzok 晾衣裳竹　①晾衣服的竹竿。②称瘦高的人。

libhongdhou 莲蓬头　淋浴喷淋器。

maojin 毛巾

mibhen 面盆　脸盆。

modhonghuakxi 马桶豁笼　细竹条束成的洗刷马桶的用具。

moksy 木梳　木制的梳子。也泛指梳子。

niksybhin 热水瓶　暖壶。

niksydhe 热水袋　用橡胶制成的袋子,灌入热水后供取暖用。

niksyqi 热水器　通过燃气或通电使冷水变为可调节水温的热水的器具。

'oco（dhou）丫叉（头）　丫形的竿,常用以支叉竹竿晾衣。

'qijiakdao 鿁脚刀　修脚皮的专用刀。

soujin 手巾　毛巾。

'tangbhuzy 汤婆子　内灌热水的取暖器,扁圆形,一般放在被窝内暖脚。

xikhogao 雪花膏　最初生产、广为使用的香型护肤油牌号,通常作面油用。后泛指所有的香型护肤油膏。

yhokjin 浴巾　洗澡用的大毛巾。

zykakjhi 指掐钳　修剪指甲用的工具。

5. 其他用具

bangcen 磅秤　秤。

bhangdhou 棒头　棍子。

bhigakzy 皮夹子　钱包儿。

bhihhayhou 皮鞋油　鞋油。

bhikzen 别针　①一种有弹性的针,尖端可开可扣,用来把布片或纸片等固定在一起或固定在衣物上。②别在胸前、领口上的装饰品。

bhindhoujhi 平头钳　平头(非尖头)的镊子。用于镊邮票等。

bikdhang 瘪塘　金属等物受压后凹下去的地方。

'bosou 把手　①门窗、抽屉等的拉手。②器物上手拿的地方。

cakdhou 插头　为接通电路,把电线接插到插座上去的装置。

'dendhouxi 灯头线　手拉的电灯开关的拉线。

dheden 台灯　安放于桌子上的灯。

dhedhe 袋袋　①袋子。②口袋。

dhezong 台钟　放在桌上的座钟。

(dhi)cangji（电）唱机　用电使唱片发声的机器。

dhidenpao 电灯泡　①电灯的灯泡。②喻指光头。③喻指不适当地站在恋爱双方之中影响气氛的人。

dijiak 底脚　剩下的一点儿东西。

ganzy 梗子　棒。

'gaoli 铰链　用来连接器物两部分(如窗子和窗框)的零件,能使一部分绕轴转动。

gedhou 盖头　盖儿。

gobiao 挂表　怀表。

'gouzen 钩针　钩线编织用的带小钩的针。

huakkou 豁口　①裂开的口子,破口。②漏洞。

jiaklu 脚炉　冬天搁脚取暖的小圆炉,内装文火,盖子上布满小孔。

labaxian 喇叭箱　装有扬声器的匣箱,声音信号经过喇叭箱听觉效果更好,一般用于欣赏音乐。

langdhou 榔头　锤子。

lanqi 冷气　由能制冷的电器发出的冷空气,起降温作用。

laohujhi 老虎钳　钳子。

laxi 垃圾　①丢弃的废物。②品质差。◇老上海话读 leksek。

likxik 粒屑　细碎的颗粒。

'linbao 拎包　手提包。

'linpe 拎襻　袋子、箱子、盒子等的提手。

liusenjiqi 留声机器　手摇的、通过弹簧发条驱动使唱片旋转的旧式唱机。

longdhou 龙头　①自行车、三轮车、摩托车等的车把。②自来水管的出水阀门。

lusy 螺丝

makshy 物事　东西。◇有些普通话开头为 w 的,在上海话中保留古音读声母 m,读 m 开头如"味道"的"味","忘记"的"忘","网络"的"网","物事"的"物"。

misoxi 棉纱线　棉线。

mogakdhe 马夹袋　形似汗背心的盛物薄形塑料袋。

ngakkou 齾口　缺口。

nikzyjhi 镊子钳　镊子。

'nishok 捻凿　螺丝刀。

pakjiakfhuti 派脚扶梯　人形扶梯。

pe 錾　器物上的提梁。

qiaksy 敲丝　翘起的硬丝。

sakdhou 塞头　塞子。

'sasywhu 洒水壶　带有莲蓬头的水壶,用于浇花或在地上洒水。

'segakbe 三夹板　①三合板。②喻指左右为难,两头受气的人。

selu 碎路　成条裂缝。

sendhou 榫头　榫儿。

shabhe 柴爿　劈开后的木柴;称体质差的人。

sokzekse 缩折伞

(sou)dhidhong (手)电筒　手电。

'tangbe 瞠板　挡板。

(te)hubhen (炭)火盆　烧炭块用的盆。

'tuxibe 拖线板　电器插座板,有一根较长的电线连到插头上。

whuxidhi 无线电　①收音机。②不用线传送的电波。

yhandin 洋钉　钉子。

yhanlakzok 洋蜡烛　蜡烛。

yhanse 洋伞　雨伞。

yinxi 引线　缝衣针。

yundou 熨斗

zakgou 扎钩　使门窗固定的钩子。

zeksoe 折扇　平时折叠着,用时打开的扇子。

6．生活行为

bekxian 白相　玩。

bhekxianxian 白相相　玩儿。

dhe 'sehejin 谈山海经　闲聊。

'boe shan 搬场　搬家。

caoxianmo 吵相骂　吵架。

'cy niuse 吹牛三　吹牛。

dang molu/ dangmolu 荡马路　逛街。

dankekcong 打瞌晲　打瞌睡。

danxiandan 打相打　打架。

dha sou 汏手　洗手。

dhayishang/dha 'yishang 汏衣裳　洗衣。

dhudhubhi 大肚皮　怀孕。

ga noeng 嫁囡儿　嫁女儿。

ganghhehho 讲言话　讲话。◇言话,俗写作"闲话"。

ghakbhanyhou 轧朋友　谈恋爱。

ghasewhu 茄山河　闲聊。

ghue laxi 掼垃圾　扔垃圾。

'huoexinong 欢喜侬　喜欢你。

'ka mi 揩面　洗脸。

'ka dhezy 揩台子　擦桌子。

'ke hucang 开火仓　开饭。

'ken 'couti 揩抽屉　翻抽屉。

'kungao/ 'kun gao 睏觉　睡觉。

lakzokbao 蜡烛包　婴儿包。

limakshy 理物事　整理东西。

ma mekshy 买物事　买东西。

madhasao 买汏烧　①买菜,洗菜,做饭。②操持家务的女子,买、汏、烧,谐音为"马大嫂"。

maxiaoce 买小菜　买菜。

qik nana 吃奶奶　吃奶。

qik sho 吃茶　喝茶。
'sao fhe 烧饭　做饭。
shenfonglian 乘风凉　乘凉。
tao laobhu 讨老婆　娶老婆。
'tu dhibe 拖地板
whu xiaonoe 护小囡　袒护自己孩子。
yhangxiaonoe/yhang xiaonoe 养小囡　生孩子。
yhin xiaonoe/yhinxiaonoe 引小囡　逗小孩。
yhouxi 有喜　有孕。
zakyishang/zak 'yishang 着衣裳　穿衣。
'zao nyuxi 招女婿
zecaopiao/ze caopiao 赚钞票　挣钱。
zou 'qinjuoe 走亲眷　走亲戚。
zugongku 做功课　写作业。
zu ninga 做人家　持家。
zuninga 做人家　节俭。
zusanwhek 做生活　干活。
zu shyti 做事体　做事情。
zusom 做舍姆　坐月子。

九、交际

1. 行礼致谢

batoknong 拜托侬　拜托你。
bhae 拜哎　再见。
danjiaonong 打搅侬
defhekqi 对勿起　对不起。
dheme 怠慢　招待不周。

exikwhe 晏歇会　待会儿见。

fheksong 勿送　不远送了。

fhe qikgufha 饭吃过哦　吃过饭没有。用作见面时的问候语,用如"你好"。

fhekdak gaghek 勿搭界个　没关系的。

fhekhaoyisy 勿好意思　不好意思。

fhekyao kakqi 勿要客气　别客气。

fhekyao xhia 勿要谢　别谢。

guyifhekqi 过意勿去　不好意思。

'jiaogue bhaoqi 交关抱歉　很抱歉。

liubhu 留步　(请送客者)别送了。

'mehao 蛮好　不错。

mezou mezou 慢走慢走　请慢走。

minzaowhe 明朝会　明天见。

mmaek 'guexi 呒没关系　没关系。

mofhenong 麻烦侬　麻烦你。

msa xhiadhou 呒啥谢头　不用谢。

nong hao 侬好　你好。

nong zao 侬早　早上好。

'qijinong 牵记侬　想念你。

qin nyuoelian 请原谅

qinmen 请问

'senti haofha 身体好哦　身体好吗？

'tinong mofhe 添侬麻烦　给你添麻烦。

vakngesa 勿碍啥　不妨,没关系。

vakyaojin 勿要紧　没关系。

whusuwheghek 无所谓个　没关系。

xhiaxhianong 谢谢侬　谢谢你。

yifhekgu 意勿过　不好意思。

'zewhe 再会　再见。

zouhao zouhao 走好走好　请走好。

2．结友交情

bhadhou 牌头　①靠山。②批评。◇"牌头"即"牌子",初做生意,希望找个金字招牌做靠山,即"隑牌头"。

dakdang 搭档　①协作。②合作的对子。

dak dhou 答头　点头。

dakdhou 搭头　①协作的人。②加上去的东西,多指硬性搭配来的东西捆绑在一起卖出的劣货。③可结交。④话头。

dakzy 搭子　①一起打牌的人。②引申为伙伴。

fak tikzy 发帖子　①发请帖。②在网上发表文字。

gekhu/gek hu 佮伙　①合在一起用伙食。②合伙。

ghakdhao/ghak dhao 轧道　交朋友。◇轧,英语 get 的音译。

ghakfhekwhu 轧勿和　合不来。

jikjiao 结交　①结识交际。②交往,支付。

laodakdang 老搭档　一直在一起合作共事的人。

laojiao 老交　深交。

laomikong 老面孔　①熟悉的脸面。②旧模样,旧貌。

nindhao 人道　在一块儿的人。

nindhou 人头　人际关系。

ninyhuoe 人缘　与周围人的关系。

qikkak 吃客　①下馆子的人。②吃东西很精的人;美食家。

whecao 会钞　付酒、饭等钱。

yao hao 要好　要求上进。

yaohao 要好　感情融洽,亲近。

yhou mizy/yhoumizy 有面子　体面。

yhousu/yhou su 有数　①心中清楚,暗中已通。②够交情,有交情。③完全了解,有把握。

zou ninga 走人家　串门儿。
zu ninkak 做人客　做客。

3. 对话争论

dakqian/dak 'qian 搭腔　①接着别人的话说。②搭话,多用于人际关系。
dakse 搭讪　①为了接近某人而找话说。②与人拉话。③为了敷衍而说几句。
figang 废讲　废话。
ghaodhousy 搅头势　①纠缠劲儿。②弄不清楚的疑难,解不开的结。
'guezy 关子　说话、做事的紧要处。
haobhakhho 好白话　好说话,好商量;很容易采纳接受。
'pedhe 攀谈　搭话。
qikxian 吃相　模样,尤指争吵时的架势。
shangqian 上腔　①比喻发作。②寻衅,闹事。
tao hhehho 讨言话　要得到答复。
tao kouq 讨口气　探口风。
whandongdhao 横东道　打赌。

4. 交往素养

bakue(jin)/ba 'kue(jin) 摆魁(劲)　自以为是地摆架子;摆出傲慢的架势。
benshy 本事　本领。
'biaojin 标劲　傲慢、很瞧不起人的样子。
cekdhao/cek dhao 出道　旧指满师;现常指成熟,能独立处事。
dangzy 档子　等级范围。
diafheksak 嗲勿煞　对自我感觉良好的人的挖苦语,责他摆臭架子。
'doudekzoe 兜得转　善于处理各种关系,路路通。
'gongga 功架　摆的架势。

guakdhou 'qin 骨头轻 ①不稳重。②卖弄风骚。③得意忘形。

haklianxin 黑良心 很坏的心肠。

haoqikqik 好吃吃 因老实而易被人欺侮。

hhoeyhangongfu 涵养功夫 涵养。

hhokyhanjin 学样劲 老是学别人的样,模仿别人。

koe yhan 看样 学样。

'kuejin 魁劲 自以为是的样子。

laodi 老底 从前的底子。

laokou 牢口 说话滴水不漏,不好对付。

lianxin 良心 心肠。

likbo 力把 ①权柄,权力,势力。②实力。

lin bhen 领盆 服输,买账。

linzy 翎子 暗示。

lokshansy 落场势 ①下台的机会,后路。②下场。

mindhang 名堂 ①花样,名目。②道理,东西。

minqi 名气 名声。

mqindhou 吮清头 不知轻重好歹,没分寸。

niaoghak 绕轧 事情遇到的障碍:介有~个事体我第一次碰着。

padhou 派头 气派,格调。

sakfheklao 煞勿牢 忍不住,停不了。

sekhu/sek hu 识货 ①懂事。②内行。

sekxian 识相 ①安分;知趣;不冒犯。②会看别人神色行事。

shakdi 着底 差极。

shang lu 上路 ①做事对头,讲理,不触犯底线。②够朋友,讲义气。

shekdi 实底 实际的底细。

sou tang 手烫 手气好。

xuikdhou 噱头 滑稽;花招;令人发笑。

yhanzy 样子 模样。

yhou dangcy 有档次 有水准。

yhouhodhou/yhou 'hodhou 有花头　①有看头,有戏。②有婚外恋。③有本事。

yhou shanxin 有长心　能持久。

yhouzong/yhou zong 有种　有能耐,有胆量。

yhundhao 运道　运气。

5．交往手段

benshy 本事　本领。

bhekxianngu 白相我　耍弄我,寻我开心。

bhin lianxin 凭良心　出自肺腑。

'bojik 巴结　①趋炎附势,奉承。②勤俭。

cek dhou 出头　①出面。②熬出来了。③用在整数之后表示有零数。

cek shan 出场　①场上或台上露面。②出面。③站出来。

dan gumen 打过门　巧为掩盖,蒙混过关。

dhaoli 道理　①规律。②根据,理由。③原因。

dhouzy whek(lok) 头子活(络)　善于与人交际得到好处,头脑灵活。

dhouzy 头子　办事或处理人际关系的本领。

gangjiu 讲究　①原因。②精美。③追究。

gaoghak 搞轧　纠缠;不易处理。

ghakdhou 轧头　①岔儿。②无辜受牵扯。

ghokdhou 搁头　吃的苦头,吃的亏,受到的闷棍。

hhoujin 候进　正中下怀,趁机得逞。

'hodhoujin 花头劲　花样,花招。

'hodhou 花头　①花样,多样的变换方法。②不正当关系的苗头。③像样的名堂。

'hogong 花功　用甜言蜜语取悦人的本领。

'hoqiao 花巧　①花招。②巧妙、特别或引人注目的地方。③不正当男女关系的苗头。

'hoyhanjin 花样劲　花样,花招。

hualuzy 歪路子 不正规的途径。

jhiaoghak 挢轧 ①与人心意不和。②事情摆不平。

jiaklu 脚路 ①路径。②门路,道儿。

'kayhou/'ka yhou 揩油 ①擦油。②占公家和别人的便宜。

koefhekdong 看勿懂 不可理解,不可思议。

langdhou 浪头 人说话的气势。

laotaodhou 老套头 老一套的办法。

lokjhiao 落挢 故意与人为难作梗。

lokke 乐开 在理,又宽容。

ludhao 路道 ①门路。②办法。

lusu 路数 ①思想、行为的脉络和道道儿。②招数。③底细。④本领,能力,办法。⑤缘故。

luzy 路子 ①门路。②来路。③道儿。

mmek hhehho 呒没言话 没话说,到顶了。

niakshak gha 捏着觮 抓住把柄,抓住对方的弱点、漏洞。

nongsong 弄松 捉弄,戏弄,欺辱。

qian shangfong 抢上风 争夺优势。

qiaoke 窍槛 窍门。

soudhou jin 手头紧 ①经济拮据。②抓得紧,不放松。

taodhou 套头 ①成套的。②老一套,令人讨厌。

'tedhou 推头 ①推托的借口。②找借口。

tekxi 脱线 不正常。

'wande 横对 对着干,蛮不讲理。

xian zenghekyikyhan 像真个一样 ①太认真了。②假正经。

xiaobhizy 小辫子 把柄,一点差错。

'xudhou 虚头 ①幌子。②标价中含有水分的部分。

yao haokoe 要好看 看洋相。

yhou lu 有路 ①有办法。②有后门。

yikju hhehho 一句言话 行,没二话。

'yindhou 因头 ①缘由。②借口,岔儿。

6. 交往事宜

aodhoe 拗断 断绝关系,中断交往。

'aolao 懊愣 懊悔。

aomentong 懊闷痛 难以言明的痛楚或后悔压在心里说不出。

ba bhin/babhin 摆平 ①将东西放平。②协调各方,平息事端使各方都无意见。③硬使对方屈从。④躺下。⑤睡觉。⑥把人杀掉。

'bangbang mang 帮帮忙 ①多关照,给点面子。②叫人别添麻烦,别帮倒忙,省点事。③对对方表示不满或异议。

bhandekshakghek sa 碰得着个啥 倒了霉了。遇到很不幸运的事时,说此话。

bhanshak nong soengu ludhao 'cu 碰着侬算我路道粗 字面意义是碰到你算我本事大,通常用作反语,对于对方的行为无计可施时,说此话。

bhanzhak dhudhoujulek 碰着大头鬼了 不顺利,遇到大麻烦了。

bhiao 嫖 ①玩弄女人。②[俚]戏耍,玩弄。

cakcoe 拆穿 揭穿。

cakkong 拆空 完了,一场空。

cek ju 出鬼 发生了意料不到的怪事。

'co nin 搓人 [俚]嘲笑别人,说怪话来出别人的洋相(较"嘲人"更为俚俗一些)。

'coeban 穿崩 露出破绽;被揭穿。

coyikjiak 叉一脚 插一手。

dakga 搭界 有关,有关系。

dak jhiao 搭桥 中间牵线。

dak sou 搭手 ①合作得来。②配合。

dakyikjiak 搭一脚 插一手。

dan dhou 打头 走在前面;列在前面。

dan yhan 打样　做一件事前先打听了解试探情况；投石问路。

daobo 到把　到一定程度；即将完成。

dekfak 得发　走运，得意。

dheke 弹开　滚开(常带戏谑意)：侬~,弹得远点！

dhetek 弹脱　顶掉。

dhiaobao/dhiao bao 调包　出人不意，以假换真。

'dinzok 叮嘱　嘱咐，叮咛。

doudekzoe 兜得转　路路通。

douhuak 抖豁　①轻飘飘。②担忧，害怕，因惧怕而战栗。

fangdiao 放刁　使乖。

fhefhekqinsang 烦勿清爽　①纠缠没个完。②说个没完。

fhekcenong 勿睬侬　不理你。

fitek 废脱　完了，没希望，无可救了。

gaoxiao 搞笑　①逗笑。②让人觉得很好笑。

'genjin 跟进　紧跟某人做某事。

ghaodhoujin 搅头劲　反复纠缠的劲儿。

guakbhi 刮皮　①搜刮小利；会打算盘，占人便宜。②吝啬。

guakjin 刮进　①搜刮进。②搜捕。

guakse 刮散　①事情败露，拆穿；暴露。②难堪，尴尬，棘手；十分不得体。③差劲。

'guezao 关照　①嘱咐，口头通知。②关心照顾。

hueqi 晦气　倒霉。

'hunguqi 昏过去　①因受刺激而晕过去，带夸张意味。②被对方说的好玩的话吓倒，夸张语。

'jinin 记认　记号，标记。

juikdao 厥倒　吃惊于意外，不可思议，令人几乎昏厥。

'kaodhin 敲定　①谈落实，确定下来。②关系确定；尤指男女恋人正式确定夫妻关系。

la 赖　①诬赖。②抵赖。③留在一处不动。

'la bhin 拉平　扯平；使平均。

'ladao 拉倒　算了，作罢。

le 累　事物互相缘及。

mayhan 卖样　炫耀，显示给人看而感到心里愉快。

mazan/ma zan 买账　①领情。②因佩服对方而接受。

medhou cokdao 'Haerbin 霉头触到哈尔滨　强调触到很远的地方，用以夸张说明倒霉的严重度，以此极言自己倒霉之极。

mmek xi cang 呒没戏唱　办不成事，无计可施。

naozy bek qian dangu 脑子拨枪打过　脑子坏了，神经有毛病；傻呆。

ngakgokdhou bhanshak 'tihobe 额角头碰着天花板　额高，即运气好，高到"碰着天花板"，即是运气好到顶了；反过来说，运气差到极点，就戏说"额角头碰着棺材板"了。

ngejin yiksak, laomuji bi ak 眼睛一霎,老母鸡变鸭　极言瞬间变化之大。

ngu ghekbezy nindeknong 我辂辈子认得侬　①怒言。我算被你耍了一次，我这辈子都看透你了。表示对某人极为不满，记恨。②有时仅在戏言时用，则是轻描淡写的。

niao 绕　纠缠。

nindek 认得　认识。

nisan/nin 'san 认生　怕生。

nong qi xi 侬去死　对对方说法不满意的反映。女性青年中使用较多，使用时有嗲意，不带贬义。表达"不许你这样说""不要取笑我了""不赞成"等意思。

qikbik 吃瘪　理亏，无言应对或被迫屈服。

'qidhou/'qi dhou 牵头　①接洽，联系。②领头，主持安排。

qik yhak 吃药　上当。

sak yhan 煞痒　过瘾。

'sanxin/'san 'xin 生心　起疑心；有了警惕。

sekpik 失撇　一时失利，失算。

shakgang 着港　到手。

shakshak 趚着　撞到，突然撞见。

sha 惹　触烦欺负对方：伊常常要来～～我。

shoefhekqin 缠勿清　①纠缠不休。②搞不清。

shyti 事体　事情。

'sybekyhi 输拨伊　拿他没奈何。对某人行为或想法不理解或受不了时，说此话。

takbhi 揿鐾　两相抵消。

tang bhin/tangbhin 烫平　彻底摆平，使无法作梗。

'tangfheklao 漴勿牢　①挡不住。②受不了。

taodan/tao dan 讨打　自己找打。

taoqiao 讨巧　迎合时尚或人们的喜好。

taoshayi 讨惹厌　惹人讨厌。

'te dhe 坍台　出丑，丢脸。

tekkong/tek 'kong 脱空　落空。

'wughao 捂搞　不讲道理，乱搞一气。

'xianbang 相帮　帮助。

xindhou 兴头　因高兴或感兴趣而产生的劲头。

yhongshan 用场　用处，本领。

yhougashy 有介事　有这么回事：老王昨日过世了，阿～？"介"：这。

yhoushoedhou 有缠头　够麻烦的，多纠缠的。

zokxi/zok xi 作死　找死。

zonin 诈人　①敲诈人。②小孩为达到某一要求或目的而借用威胁方法迫使大人让步。

zokzen 捉准　把握准确。

zou yhan 走样　失去原来的样子。

十、动作

1. 上肢动作

ao 拗　①使弯曲：～手劲。｜～台型。②使断。③折，掰。

ba 摆 ①安放。②显示,炫耀:~魁劲。|~噱头。

bak bhizy 擘辫子 用手编辫子。

'ben 畚 用簸箕撮。

'be 掰 将物分拆开。

bhao 刨 用硬物刮物。

bhen 垄 用农具翻掘土地。

bhik 别 ①转动;②追赶,比高低:~苗头。

bhok 缚 捆,束。

bho 扒 用手或工具使东西聚拢或散开:~烂泥。

bho 爬 干,做,劳动。

bik 潷 挡住容器里的东西倒出液体。

bok 剥 ①去掉外面的皮或壳:~橘子。②扯、硬脱:~裤子。

bo 把 从后面用手托起小孩两腿并使其分开,让其小便大便,称"~尿、~污"。

cak 拆 ①把合在一起的东西打开:~衣裳。②撒,拉:~尿。|~烂污。③下,生:雌鸡~蛋。

cak 撤 抽去:~骨头。

'cao 抄 ①手插入时将衣服抬起。②搜查并没收:~靶子。③从侧或较近的小路过去:~近。④用匙取食物。⑤用铲刀、铲子之类工具取物。

cao 耖 田耕后用耙再把大块泥粉碎。

'ce 搀 扶:~一把。

'ce 撕 用手推翻、推倒。~伊一跤。|~翻一桌酒水。

'co 叉 ①用一端有两个以上长齿而另一端有柄的器具挟取、刺取:~鱼。②用筷取食。③耙:~火。④分开:手~开。⑤挪,张手推动。~开树丫枝。

'co 搓 ①打麻将:~麻将②嘲笑,愚弄,玩弄。

cok 戳 用力使长条物体的顶端向前触动或穿过另一物体。

'cu 搓 ①摩擦:~手。②双手擦。

dak 搭　①支,架。②把柔软的东西放在可以支架的东西上。③接合在一起。④加上,附加:～两个人进去。⑤占;粘:～着眼龊龊。⑥抓,捉:一把拿伊～牢。

dan souxin 打手心　被打手掌。

dancek sou 打出手　动手打架。

dang 挡　①拦住;抵挡。②遮蔽。③扶。

danke dhou 打开头　①(打架或交战)开了一个头。②把头打破了。

de/doe 掸　拂:～遗尘。

dhang 搪　湿泥匀涂:～煤炉。

dhao 淘　①用器物盛颗粒状的东西,加水搅动或放在水里簸动,使除去杂质。②将液体加入搅和:～汤饭。③到旧货店、旧书店或摊子上去觅购有用的旧物、旧书:～旧货。

dhou 投　①跳进去:～黄浦。②忙乱,莽撞,事多搞糊涂了:～东～西。③设法搞得:去～两张票子。

'di 掂　以手量物重:～分量。

din 顶　①一物对准一物由上而下投去:～橄榄。②支撑;用头支承:头顶倒山。③从内从下拱起钻出。④顶替。⑤对面迎着:～官司。

din 钉　①把钉子打进去。②缝:～纽子。

ga/gha 解　①锯:～木头。②解开:～鞋带。

gao 校　使其对正。

ge 拣　挑选。

ge 减　用筷匙分去碗中食物。

ghek 挌　①两手合抱,拥抱。②腋下夹住。

ghue 掼　①扔,丢。②摔,跌。③搁置:～辣边头。

'gou 勾　①用笔画出钩形符号,表示删除或截取。②画出形象的边缘。③招引;引。④绕住,挽住:～头颈手。

gu dhong 箍桶　制造、修理木桶、木盆。

'han 夯　①用夯砸。②用力如打夯一般:～得侬爬勿起。③用力举物。

ho yhanqiqi 花痒气气 开玩笑时,把手放在嘴边呵呵气,然后轻轻触及他人身体某些部分(如腋下、颈部、胸前等),造成他人痒的感觉。

hue 甩 ①顺手击去。②用力扔。③摆脱。④甩动。

kak 掐

kao 拷 ①舀:~河。②零买液体,打:~酱油。

'katek 揩脱 ①擦掉。②抹去。

'ken 揩 翻;翻拣、寻:~抽屉。

lak 捌 拦;划界使受阻、分程:~差头。

le 来 搞。代动词,泛义。有"拿、玩、干、做、搞"等意思。

'liao 撩 ①伸长手臂或借助工具向高处或远处取东西。②把东西垂下的部分掀起来。③拂弄。

lik 捩 绞、拧、折、拗。

'lin 拎 ①提。②往上拉。

lin 繗 缝合:袖子管浪~两针。

'lu 撸 ①搓。②按摩、抚摸。③轻擦、带过。④挽。

'lutek 撸脱 ①用手将细碎东西一路带去。②妥善解决或藏起。③彻底解决。

'ne/'no/'nao 拿 ①用手或其他方式抓住、搬动。②用。③〈介〉把。

ni/'ni 研 磨:~墨。

niak 捏 握,持。

'niu 扭 ①调转,转动。②拧。

'ni 捻 旋转拧:~瓶盖头。

nong / 'nong 弄 搞。代动词,泛义。有"摆弄、逗引、做、干、办、搞、设法取得、耍、玩弄、勉强充着"等意思。

'okong 揌空 ①抓不到。②说、做不见效的话、事。◇又写作"揌空"。

panjian/pan 'jian 㧌僵 僵持对立。

qin 揿 按,摁。

shak 挪 投,抛:~骰子。

shen 盛 放入容器:~汤。|~粥。

shok 凿

'souzok 收捉　①整理。②整治,收拾。

'so 砂　用砂皮、砂轮等有砂的东西擦物。

'te 摊　使其铺平:摊床,摊饼。

ti 㨄　①延火。②蘸墨:~笔。

'tiao dhoulu 挑头路　梳头时把头发向两边分开。

toe 煺　宰杀家禽畜后,用开水烫后去毛。

'tu/'ta 拖　挂:~鼻涕。｜~鞋皮。◇"拖",一般读 'tu,'ta 是保留的古音读法。

whak 划　分开,割开。

xiak 削　①用刀斜着去掉物体外层。②理发方式之一,用刀将头发割短、割出发型。

'xiao 㨄　①揭,翻,掀:~镬盖。｜~开被头。②分离开,拉开:~馄饨皮子。

xiu mi 修面　刮脸。

yao 舀　盛取,用勺、瓢等。

yikbhan 一碰　动不动:~就吵翻天。

yik 掖　拉挺:~了~被头。

'zao 搔　挠。

zok 斫　用刀类工具砍割:~稻。

'zo 揸　用手指抓取东西:~牌。

2. 下肢动作

batangge 摆䯊盖　脚下使绊子。

bhao lu 跑路　离开。

bhao 跑　①走。②奔跑。

bhoe 蟠　曲,盘屈:~脚坐。

'coe 蹿　急速上升或向前。

cu 蹉　碾,摩擦:~脚

97

'den 蹲　两腿弯曲如坐,臀不着地的动作。

dhak 踏　踩。

dhang 荡　①放:~开笑容。②逛,散游:~马路。③往来摇动:~秋千。

dhokfangbhu/dhok 'fangbhu 踱方步　一摇一摆慢条斯理地走路。

'dou 兜　绕,转:~了两条街。

huak jiak/huakjiak 豁脚　撒腿:~就跑。

huakyikzoe 豁一转　转一圈。

huang 晃　摇晃:头晕脚里~。

ko dhousy 跨头势　脚叉开往他人头上跨过。

lik 立　站。

shakjinshakcek 趣进趣出　①凸出凹进,不平整的样子:衣裳袋塞得~。②穿进穿出频繁的样子。

shek 折　折断;拐:~脚~手。

tiaoban/tiao 'ban 跳浜　①跳过小河。②跳过一段做:绒线~结。

xikxik jiak 歇歇脚　坐下来休息片刻。

zou 走　双脚交互向前移动。◇较抽象意义的"走",上海话说"跑",如到外面去"跑一转"。

3. 头部动作

be mikong 板面孔　①翻脸。②绷着脸。

cen 碜　嚼到小石块等硬物:~牙齿。

cokji 触祭　吃,贬义。

dan gekdu 打嗝哆　因受寒等气噎回逆出来发出声音。

dan gheklen 打辫愣　说话不流畅;不该停的地方打顿。

dan ghe 打嗝儿　打饱嗝。

danhoxi 打呵唏　打哈欠。

dhiji 填饥　吃下东西解决饥饿。

'diaozy 刁嘴　①口齿不清。一般指小孩初学语时。②嘴刁,吃时挑剔。

diji 点饥 略微吃点东西充饥。

dokdhou 笃头 头向前点下,后颈伸长,没精神。

dokdhoudoknao 笃头笃脑 头向前低,没精神,坐着打瞌睡的样子。

he 喊 旧时人叫曰"喊",鸟兽叫曰"叫",今随普通话两者都可说"叫"。

hhoukou/hhou kou 候口 不冷不热的食物或茶水正上口。

hok 嗀 吸吐:~出一口痰。

Lou she 漏馋 挂涎水。

mang 望 ①远看。②看望。③盼望。

mao 铆 ①盯住不放松:~牢伊。②猜到。

qiao zy 翘嘴

qik dhoutak 吃头塔 打头顶;头顶挨打。

'xian 香 用嘴唇接触:~面孔。

4. 身体动作

bagongga 摆弓架 装样子,摆架子。

bhakshan/bhak shan 拔长 很快伸长。

bhe 㢞 爬。

bhikyao/bhik 'yao 蹩腰 腰不直;腰受伤。

bho 爬

bin'sang 迸伤 因太用劲而伤身体。

binfheklao 屏勿牢 支撑不下去,熬不住。

bokyikji 搏一记 ①拼一下。②赌一下:今朝我是~,赢勿着输脱拉倒!

caksy/cak 'sy 拆尿 小便。

cakwu/cak wu 拆污 大便。

cekkongsenti 出空身体 腾出空来,抽出身来专门做某事。

ceksong 出松 ①走,离开,含贬义。②因东西已损坏而抛弃。

99

'coyao/'co 'yao 叉腰　两手插腰上。

danhundhu 打昏涂　打呼噜。

dankekcong/tan kekcong 打瞌眬　打瞌睡。

dha yhiok/dhayhiok 沕浴　洗澡。

dikgao 跌跤　摔跤。

dikgendhou 跌跟斗　①摔跟头。②比喻犯错误。

dik 跌

fak 'biao 发飙　大为发火。

fak dhok 发瘝　发呆。

fak dia 发嗲　①撒娇,以娇滴滴的声音或姿态打动人。②摆架子,故意摆姿态,装模作样,多用于男子,贬义。

fak diajin 发嗲劲　撒娇,做妩媚姿态。

fak ghang(jin) 发戆(劲)　发倔脾气。

fak 'hou 发吼　发怒。◇吼,英语 hurt 的音译。

fak jhik 发极　重度发急。

fak lang 发浪　发骚。

fak mao 发毛　发火。

fak shenjin(bhin) 发神经(病)　发精神病,发疯。

fakcy/fak 'cy 发痴　①发疯,精神失常。②因兴奋或专注而失常态。③痴想。

fakgak/fak gak 发格　发脾气。

faksen 发身　发育。

'gang/'ang 扛

gao 觉　醒来。

gha 㧅　①挤进;插入。②嵌:~牙齿。

ghak 轧　挤。

ghak 轧　①挤:侬~进来做啥? ②查对,核算:~账。③看准:去~~市面。④碾压;压:~钢。⑤买:~头寸。⑥农机脱粒:~稻。

ghak 'cozy 轧车子　挤乘公共交通车。

ghakjin 轧进　①挤入。②正好轮到;正好加入。

ghaklao 轧牢　①卡住。②夹紧。③思路或做事中断。

ghaknaoman/ghak naoman 轧闹猛　①到热闹新奇的场所挤着玩。②凑热闹。

ghan 挭　①碰着;擦着。②碰、擦着别人身子挤。

ghuegao 掼跤　摔跤。

'guan 光　有许多;充满,塞:～足水。|肚皮～饱。

'guanhu/'guan hu 光火　发火、发怒。

hhang 行　忍受、支撑,挺。

hhangfhaklok 行勿落　吃不消。

hhangguqi 行过去　挺过去。

hhofhekhho 下勿下　①从上面不能下来。②下去否。

hhou 候　①硬凑。②算,核算:～准足。③顺:～脾气。④等,等待。

jhin 漀　寒战,发抖。

jhi 掮　肩扛:～木梢。

juikdao/jiokdao 厥倒　昏厥过去;受惊于意外事的夸张说法。

'kasen/'ka 'sen 揩身　用湿毛巾擦身体。

kekcongmongdong 瞌䁱懵懂　似醒未醒,迷迷糊糊的样子。

kuang 矌　①略见。②轻掠:～脱点灰尘。③(暗中)摸。

'kungao 睏觉　睡觉。

lok 跻　①起立,站起:跌得倒,～得起。②从床上、地上爬起来。③爬:～上～下。

lokhuek 落瀽　睡熟。

ngancan 硬撑　①难以支撑而坚持支撑。②硬挺。

nge 碍　阻止,妨碍,不便:～手～脚。

ngekou 碍口　不便说。

'ong 嗡　成群地挤。

'ou 伛　低头、曲背。

sha 射　①排泄:～尿。|～污。②腹泻:昨日夜到～了好几趟。

shak lan/shaklan 着冷　受凉。

shakhuek 着瘄　沉睡。

shak 着　①用在动词后,表示达到目的或有结果:猜~了。②接触,挨上:上勿~天,下勿~地。|~墨。|~渍泥。③燃烧:火~了。

shang 上　做,干:我来~。◇构成方位结构时,读 lang。如:台子上 dhezylang,写作"浪"。

shangfhekshang 上勿上　①从下面上不去。②上去否。③没力气干。

shasy/sha'sy 射尿　小便。

shu dhenzong 坐臀中　没防备地突然一屁股坐在某处而受痛。

whanyikxik 横一歇　躺一会儿。

'wu bhidhou 焐被头　已醒还不肯离开被窝。

xhik 捷　急速地回转。

zak 着　①穿:~鞋子,~衣裳。②下棋:~象棋。③使附上:~颜色。

zoele 转来　回来,常特指回家。

zoeqi 转去　回去,常特指回家。

zok kun 作睏　指婴儿哭闹一阵才肯睡觉。

5．言语动作

'aosannen 噢声能　一口答应。

baju hhehho 摆句言话　①表个态;给个承诺。②发个指示。

bangqian/bang'qian 帮腔　帮一方争论,贬义。

'boe zy/'boezy 搬嘴　搬弄口舌。

caoxianmo 吵相骂　吵架。

ceksekhho 出说话　①被人议论。②有意见。

'congdekcek 冲得出　能在大场面上交际、发言等,多用于对小孩、年轻人而言。

dakzy/dak zy 搭嘴　搭话,介入别人谈话。

dan bhan 打朋　开玩笑。

dhen 钝　以反语冷嘲挖苦:~人。|~伊两句。

gangdhafhekcek 讲大勿出　①说不清楚。②说不出口。③说不定。

gangzan 讲账　谈话，聊天。

'guetek 关脱　①关闭掉，锁掉。②不谈了，闭嘴，带有俏皮。③没通过：~一门课。

hakgang 瞎讲　胡说，乱讲。

hheca 闲扯　无目的地闲聊。

huak pang 豁胖　吹牛，说大话，甩大牌。

jhikhe 极喊　拉大嗓子急迫地叫喊。

jiao niao 叫饶　求饶。

'jiaoyin 叫应　①打招呼。②叫人使人答应。

jik zy/jikzy 接嘴　①接话。②对别人的某种要求表示应诺接受。

'jizao 齑糟　哓哓不休，吵闹不绝。

loegangbakgang 乱讲八讲　乱扯淡。

'olafhekcek 挒拉勿出　沮丧得说不出话。

qiao febi 撬反边　帮倒忙。

shangqian/shang 'qian 撞腔　寻衅。

shao 嘲　嘲讽，开人玩笑：嘲人。

shoe 缠　纠缠：~勿清爽。

tao niao 讨饶　求饶。

whedhou 回头　①回绝，不答应。②告诉，回答。③回过头来。

whudhiao 和调　附和别人的话。

xhinxianmo 寻相骂　吵架。

zok 作　使性子闹，乱吵；特指女子向男子闹别扭或小孩无端吵闹。

zokjinzokgua 作精作怪　乱吵乱闹，耍无赖。

zoktizokdhi 作天作地　指喜欢吵闹，不给人安宁。一般指又哭又叫的样子。

zokxizokwhek 作死作活　寻死作活。比喻大闹特闹。

6．心理动作

bhikfhekshak 别勿着　想得到而得不到。

'bomang 巴望　盼望。

dang(zy) 当(仔)　①以为。②当作:野草~菜吃。

dhongqi/dhong qi 动气　生气。

duji 妒忌　忌妒。

'gaoxin 高兴　①开心。②想,愿意,乐意:我勿~去做。

gua 怪　埋怨:~伊指挥错了。

guxik 顾惜　照顾珍惜。

'huoexi 欢喜　①喜欢。②爱:我晓得侬老~我个。

lin 领　①带:~侬路。②领略、晓得:~市面。~情。

newhe 难为　①花费;②为难。

ngaofhekdek 熬勿得　不能容忍,忌妒。

ngao 嗷　想吃得很:~食。

nixin 疑心　怀疑:疑心疑惑。

qifhekgu 气勿过　气得按捺不住。

'qiji 牵记　惦记,挂念。

sekpik 失撇　失算:老鬼~。

shangxinshy/shang 'xinsy 上心事　心中担忧。

shangxin 上心　一直放在心上。

sodek 舍得　肯,愿意。

vakcenxin 勿称心　不满意。

xhinnyuoe 情愿　①心中愿意:我~跟伊走。②宁愿,宁可。

yhongxinsy/yhong 'xinsy 用心思　①用心。②用心计。

yhouxinxian/yhou 'xinxian 有心想　精力集中,有耐心。

zoe nidhou/zoenidhou 转念头　①动脑子,想主意。②转念一想。

7. 人事活动

'a 挨　①轮到。② 顺着。

bixi 变死　找死,作死。

boga/bo 'ga 把家　主持家务。

cakdang 插档　①插入空档。②排队时插进队去:排好队,勿要~!

'ca 扯　撑开:~篷帐。

ca 扯　①分开,悬开,拉开:~开距离。②分到各方,分摊。③撕:~纸头。

cekkong/cek 'kong 出空　①东西完全取出,留出空处。②不附带别的,不受他事牵制:~身体。

ceksou 出手　①出来较量。②行动,显示本领,亮相。③脱手,卖出价。④花费,拿钱出来。⑤袖子长短:~长点。

cektek 出脱　①拿掉。②货物脱手。

ce 睬　理睬:我勿~侬!

'ce 搀　加入,混入:~沙。|~水。

'coe 串　批发来:~卖物事。

danden 打顿　停一会儿;耽搁。

de jin/dejin 对劲　合意。

dhang 宕　①拖延:~账。②吊着:~脚踏车。

dhanghhole 宕下来　①拖下来。②悬挂下来。③下载网络资料。

dhen 腾　使空:~出辰光。

dhiao 调　①互换。②转回。③改动,更换。

dhujhinghong 大勤共　声势很大地干某事。

dhuxinik/dhu xi(nik) 度死(日)　无所事事混日子。

'dinsao/'din 'sao 盯梢　①蹑行人后,跟步不离。②陌生男子紧随女子之后。

'doezen 端正　准备,放好。

fangsan/fang 'san 放生　①做善事,把别人捉到的小动物放掉。②相约去做一事,临时一方负约。③对下属放任。④饶了他:放伊生。

fhefi 烦费 烦劳花费。

gagang 解刚 花费。

gak 隔 调节旋钮档数:~电台。

'goushy 够事 足够。

gu 过 ①用清水把已洗之物再洗一遍。②拌,下:萝卜~早饭吃。③传染:~着感冒。

haklele 瞎来来 盲干,乱来。

hakwughao 瞎乌搞 乱搞,胡搞。

haosoesoe 好算算 可以算得上。

hhou 候 ①顺。②等,等待。

huak 豁 ①舍弃。②蹿过去:脚一~。③分开,裂开。

huaktek 豁脱 ①裂开。②化掉:~工夫。

kong 空 ①欠:~了债。②腾出来空着:~出场地。

la 擸 人用指甲或带齿的东西或动物用爪在物体上划过:~手~脚。

langdhang 浪荡 逸游:~江湖。

lok yhan 落样 ①着痕迹。②为做衣、鞋而留、剪的样子。

mo whanghun 磨黄昏 晚上磨时间而不睡。

nga/'nga 砑 ①将硬物碾平。②啃:~骨头。

nganshang 硬上 蛮干,硬拼。

nga 捱 拖延,留着。

niao 饶 ①宽容。②另外添。

qianadang/qian 'gadang 抢家当 争抢家产。

qikgoesy/qik 'goesy 吃官司 坐班房。

quxiandan 劝相打 劝架。

soeji 算计 ①考虑,打算。②暗中谋划损害别人。

'tang 'fong 撑风 将风挡住。

tao 讨 ①(向人)要。②娶。

'tiao 挑 给人轻易可得的好处:~~侬。

tikbu 贴补 补贴。

tin 挺 剩,余,留。

tinshan 挺剩 留剩。

xhian 详 解开谜团,详细说明:~梦。

'xiaoyha/'xiao yha 消夜 整个夜里不睡干某事。

xik sou/xiksou 歇手 停手,停工。

'yan 央 求:~亲眷,托媒人。

yhibi/'yibi 嫌比 嫌。

'yinsen 阴损 暗中损害别人。

'yi 依 依从,同意。

zak sy 着水 使水分渗入。

zoxizowhek 诈死诈活 死皮赖脸。

zutek 做脱 ①指事情做完。②把人搞死。

8. 物态变化

'ban 绷 ①束缚。②张着、支撑着:~绒线。

ban 迸 豁开,裂:~坼。

be 板 ①被干后的硬结的薄片结住。②不灵活,死板。

bhakho 白花 生霉菌,发霉。

'biao 飙 液体急速地从小洞里射出。

biktek 瘪脱 ①原凸起的器具压扁凹了下去:瓣只镬子盖头~脱了。②泄气了。③被强势压垮了:人家吓伊一写,伊就~脱了。④自知理亏,无话可说。

din 澱 沉淀:~脚。

fe 泛 颜色变了。

gan 梗 阻塞。

ghok/gok 搁 ①架,置。②耽搁,暂停。③梗,堵塞。

guakcak 刮坼 木头、墙壁等迸裂。

guakcak 刮破 皮肤裂开:脚底背~。

hong 蕻　草木萌发。

huakke/huak 'ke 豁开　分开,裂开。

hushak 火着　着火;失火。

'jian 浆　把洗后的衣服放在浆水中揉擦后晾干的过程。

'kecak 开坼　崩裂有缝。

mek 没　①沉下,沉没。②漫过,高过:水~过脚馒头。③塞住不通。

ngaktek 齾脱　①弄缺了:玻璃~一角。②减却:~两钿。

pao 泡　①较长时间地放在液体中。②消磨。

'pu 潽　①沸溢。②盛不下而溢出或掉下。

qiao 翘　①一端向上高起:地板~起来。②扭:动气了,一~就走。③噘:嘴巴一~,挂得上油瓶。

qik 雀　石块横刮过水面。

shak 射　①用推力送出。②一下钻进。

shak 闸　因阻塞而不畅通。~杀一只马(象棋用语)。

tang 烫　用温度较高的物体使较低的温度升高或发生变化:~酒。|~头发。

ten 佘　水波荡漾。

toe 蜕　松、掉:戒指。

whenin 回韧　食物受潮而不脆。

wheshao 回潮　变潮。

yhi 衍　沿着某物流下:~水。|~馋唾。

yhuoe 悬　空间或时间的分隔:~辣半当中。

9. 关系存现

fhekdhe 勿谈　①不要去说它。②不得了;很。③真棒(带有善意的讥讽):侬~了,蹿上去了。

milek 未了　时间长了,远着呢:辩部词典要编好,~!

mmek 呒没　①表示"领有、具有"等的否定:伊~理由。②表示存在的否定:屋里~人。③不如;不及:我~侬高。④不够;不到:伊来了

~三日就跑脱了。⑤掉,不见:书包~了。⑥未曾:天还~暗。⑦不能,不得:伊有得进去,侬~进去。⑧不:侬希望伊来?——~,吭没希望。

msasa 呒啥啥　没有什么东西。
vekeakfhekshoe 勿得勿然　只得这样,不得不如此。
vekzoksu 勿作数　不算数。
yhougashy 有介事　有这回事。
yhoulek 有了　够了。

十一、形容

1. 外形、表象

bhongsong 蓬松　线状物一丛,乱而松。
cekqiao 出俏　长相漂亮,出众,多指青年。
'denyhan/'den yhan 登样　像样;合适;入眼。
'guangsan 光生　光滑平整。
hhangxhin 行情　许多,很多。
hhousan 后生　年轻。
jikzok 结足　结实,严实。
lasha 赖柴　①肮脏;不修边幅。②做事马虎。
linse 零碎　细碎,零星。
maocao 毛糙　①粗糙。②不细致。
nayhou 奶油　①漂亮,好,感觉舒服。②白皙漂亮。
nganzak 硬扎　①物体硬而坚实。②人身体强健。
nganzan 硬张　硬而坚实。
qiannge/qian nge 抢眼　引人注目。
'qinsang 清爽　①清洁。②清楚。
sakbok 杀搏　①身体结实健壮。②大刀阔斧,彻底。
shakshek 着实　①结实。②落实。③实事求是,踏实,一丝不苟。

shaofe 造反　很多。

shekjik 实结　东西结实、装满。

shenqi 神气　很有精神。

shanyhuoe 长远　许多时间,很久。

'tita 添拖　①面部肮脏,衣发散乱。②不干净;不整齐。③拖泥带水。④勿爽快。

xijik 细洁　细腻光洁。

'yuoeyan 鸳鸯　东西不相合、不相同而配成一对。

2. 感觉

bhidang 便当　方便;容易。

cokqi 触气　惹人厌。

dhoudhu/dhou dhu 头大　烦恼,伤脑筋;感到难弄。

dokdhin 笃定　不慌不忙,放心。

fhene 烦难　做起来费事;难。

'fonglian 风凉　凉快。

'koesy 宽舒　①经济宽裕。②住房宽敞。③时间不紧。

laojiao 老交　交情很深。

lokwhe 乐惠　舒适,合意,快乐。

nehhang 难行　难受。

ngeni 眼热　羡慕。

ngeyhan 眼痒　眼红。

nikhun 热昏　昏了头,不理智。

niklok 热络　经常往来;关系亲热融洽。

niokmo 肉麻　①由轻佻、虚伪言行引起的听者不舒服感。②舍不得。

nioktong 肉痛　舍不得,心疼。

nixin 腻心　脏得使人恶心难受。

noenik 暖热　暖和。

nyuoeshok 软熟　纸张、被子、床铺、衣服等软而有舒适感。

ongzong 膓肿　懊丧,不愉快。

'qimen 气闷　①因胸闷而呼吸困难。②不好受;苦闷。

'qisu 气数　①令人气愤。②倒霉。③不像话。④没劲。

'sadhu 衰瘏　劳累;吃力;疲惫。

sakgen/sak 'gen 煞根　过瘾,彻底痛快,厉害的,令人满足的。

sangkua 爽快　痛快,舒服。

'sangtek 伤脱　①身体受伤,多指重伤。②事情受重创,一蹶不振。③过量,太多,浪费厉害。

sanqin 省轻　省力轻松。

sekyi 适意　舒服,感觉好。

shajin 惹劲　有趣,可爱,可逗。

shakniok/shak niok 着肉　贴身。

shaqi 惹气　不入眼,令人讨厌。

suxhin 素净　①颜色朴素,以淡色为主。②食物清淡。

'wangkong 枉空　白白地。

'wenten 温吞　(水、脾气)不冷不热。

wheklok 活络　①筋骨、器物衔接处活动。②灵活。③话不确定。④宽余,自在。

'wusu 乌苏　潮湿闷热;杂乱而脏,使人难受。

'wuxin 焐心　心中欢喜,高兴。

'xianqi 乡气　色彩过艳,大红大绿。

xiayi 写意　舒服,愉快。

yhisy 现世　难为情,丢脸。

'yinlian 荫凉　因无阳光直射而凉快。

'yiqi 怺气　闲着无聊而感到寂寞。

'zaba 咋巴　差劲,不利落,不行。

zakjin 扎劲　有刺激;有趣。

3. 境况

bhitak 疲塌　拖拖拉拉,无精打采的。
bhitek 疲脱　懈怠,厌倦,养成疲软习惯。
biktek 瘪脱　①原凸起的器具压扁凹了下去。②泄气了。③被强势压跨。④自知理亏,无话可说。
cekjin/cek 'jin 出精　至极;到顶点。
dajian 搭僵　①糊涂。②糟糕,没办法挽回。
dakjian 搭浆　马虎草率。
dokdhin 笃定　心中安定踏实不慌。
dokte 笃坦　心中坦然,一点不慌。
fhoktik 服帖　没话说;顺从。
'gega 尴尬　①神色、态度不自然。②处境窘困,遇事难以处理。
'gejian 尴僵　尴尬,弄僵;糟了。
'genjiak 跟脚　①鞋的大小穿着正合适。②随即跟着。
ghamen 茄门　不起劲,没兴趣。
ghatek 茄脱　①消解。②兴致不高,劲头松懈,态度冷淡。
huakbi 豁边　①出错。②糟。③过度而出格,越轨。
'jiantek 僵脱　①僵硬了。②呆板不能活动了。③不上不下,僵持难以处理,不知如何才好。
lokloe 络乱　①混乱无绪,杂乱。②心里烦乱。
naoman 闹猛　热闹。
'oesan 安生　安定。
'oeyik 安逸　①平安。②安心。
'okong 挄空　白做;干而无结果。
qikjin 吃劲　费力。
shangjin 上劲　带劲。
shegu 罪过　①造孽。②可怜。
'syxhi 舒齐　妥帖不迫促。

tekdi 脱底　不留余地,不留后路。

zoknik 作孽　值得同情,可怜。

zou yhou 走油　①事情不佳,(这下)可苦了,可糟了。②不可开交,厉害得很,够呛。

4. 性质

bhikjiak 蹩脚　差劲,低劣。

'biaozy 标致　漂亮。

cektang 出趟　大方,见世面,体面不怯场。

dakdi 搭底　最差。

'delao 呆佬　差;差劲。

dhengan 弹硬　过得硬;硬气。

dhoemin 断命　该死的:辩眼~生活做勿好了!

dhoutiao 头挑　头等,最好的,优异者。

dia 嗲　①娇柔,妩媚,姿态有魅力。②好,精彩,够味。

dintek 顶脱　好到头,极好。

fakxuik 发噱　滑稽。

fhoktik 服帖　①服从,听话。②佩服;自愧弗如。③衣物穿着贴身合体。

hhanqiao 行俏　很时行。

jikgun 结棍　①厉害,着实。②身体结实强壮。

jinyhong 经用　经久耐用。

kaojiu 考究　质量要求高、精美;讲究。

laojik 老结　①成熟。②结实。

laoloe 老卵　①貌似老练、成熟。②很行,很有能耐,赞叹人或事物令人惊叹。

laoyha 老爷　质量差,一碰就坏。

lin 灵　赞誉事、物好:老~个!

linguang 灵光　①灵验。②事、物好。

nganwhang 硬黄　赞美货真价实。

'panpan xian 乓乓响　①好得没话说了,响当当的。②过硬。③守信用。

qikga 吃价　①值钱。②了不起,厉害,有本事。

'tebe 推扳　差,差劲。

yikjik 一级　最好;上等;第一流。

yikzak din 一只顶　①极好,最好,拿手极了。②程度最高的。

zenzok 准足　标准,准确;足数。

5．德才

bhitak 疲沓　厌了。由于申斥、责罚次数过多,再说再管已不起作用了。

'bojik 巴结　①努力;勤奋。②勤俭,会算。

boxi 把细　仔细,把握得当。

cektang 出挏　上台面,见世面的,不怕生。

cektiao 出挑　才貌出众。多指青年。

cokkak 促掐　①调皮刁钻,挖空心思阴损别人。②使人难以对付;使人十分为难和憎恨。

dakjian 搭浆　马虎潦草,敷衍了事;差劲。

dhalu 大路　①做事大方,不计较。②普通的,平凡的。

dhengan 弹硬　坚强,不懦弱。

dinzen 顶真　认真,一丝不苟。

dongjin 懂经　①精通。②时髦。

'gediao 贱刁　吝啬,小气。

gekdak 疙瘩　挑剔,难弄。

ghangtek 戆脱　傻了。

'goulek 勾勒　为人做事精细、负责,清楚不含糊。

guakbhi 刮皮　善占人便宜;吝啬。

hhozok 下作　下流。

'hoqiao 花俏　①说话花里胡哨。②会献殷勤讨好。③衣着鲜艳时髦。
'jidiao/'gediao 奸刁　奸狡刁钻。
'jingua 精乖　精明乖巧。
'jinguak 精刮　精明,爱讨便宜。
koksok 酷索　态度粗劣不耐烦。
labhi 赖皮　顽皮,老不听话。
laksou 辣手　①手段狠。②棘手。
laocak 老坏　老练,不幼稚。
laogha 老茄　①小孩、年少者的言行像成熟的大人。②逞强,卖老。
laoju 老鬼　经验丰富;资格老;精明。
laokue 老魁　自大,得意,摆老资格。
laolak 老辣　①手段厉害。②又老又辣。
leliao 懒料　不勤俭,乱花钱,吃完用光。
lepo 懒扑　懒惰。
lese 来三　①行。②能干。
leshy 来事　①行。②能干。
lokke 乐开　做事说话在理上,公正、大方、豁达。
manmen 猛门　态度强硬,讲不上理。
maocao 毛躁　不细心。
mokghok 木啯　麻木。
nasou 拿手　熟练,擅长。
nganjin 硬劲　硬要,非得。
nganwhan 硬横　实在,过硬。
okkak 恶掐　恶做,出人不能,出人不料。
okyhin 恶形　①下流,不堪入目。②难看。
'qisy 牵丝　磨蹭,拖延,不爽快。
sakbok 杀搏　身强力壮,大刀阔斧。
sakku 刹枯　过分苛刻。
saklak 杀辣　①厉害,狠毒。②爽快利落,干练,手段、办法等严厉。

sangqi 爽气 爽快。

sekxian 识相 知趣,看人神色行事。

shekqian 贼腔 怪样子不堪入目;怪话不堪入耳;不三不四。

shelao 馋痨 嘴馋。

shoewhu 随和 和气,不固执己见。

takbhi 搨皮 淘气的,捣蛋的,不可信的,无赖的。

taoqiao 讨俏 受人喜欢,使人满意。

tewhu 坦和 坦然和气;平和。

wakkak 挖搯 ①恶做,出人不能,出人不料。②使人难以对付,使人为难。

'wanban 横绷 蛮横,硬把无理说成有理。

whakdhou 滑头 不老实,无信用,油滑。

whuqian 武腔 形容人不文雅、粗鲁。

'yindiao 阴刁 表面和善,暗里刁滑。

zakgua 着乖 善于察言观色而行事;知趣。

十二、副词

1. 程度

can 畅 足够,很长一段时间:一顿酒水吃~吃~。|我等~等~,伊还勿来。

(dek)le (得)来 ①很;非常;多么:小菜鲜~!②得……呐:要四天~。③得,用作助词:做~人坍垮脱!◇①②的用法是③省却了最极端补语而成。老上海话补语是助词是"来",后来变化为"得","得来"是过渡中的叠加用法。

din 顶 最:小王表现~好。

hak 瞎 非常,极:箒套衣裳~嗲!|侬两个字写得~好!◇又写作"赫"。

jhiong 穷 拼命地;尽力地(用于动词前):辰光来勿及,伊~奔了。

'jiaogue 交关 相当,很:伊~有办法。|今朝我~开心。

Lao……ghek 老……个 很:伊孵只歌唱得老嗲个。

ledak(ghek) 来得(个) 非常;尤其:伊跑得~快。|伊~高兴。|叫伊勿要去做,伊~要去做。

lexi 来死 得很:孵个人作风坏~!◇"来死"是"来要死"或"得要死"的缩略了"要"字的虚化形式。俗又写作"来西"。但不能作团音字的"来兮"。

'mehao 蛮好 ①表示后悔的遗憾:昨日天~勿要去庙会,皮夹子也勿会得落脱了。②好好地:我脱侬讲得~,侬就是勿听!

'me 蛮 挺,相当:种花叫伊去种倒~好。|伊人是~好个,可惜运气总归勿大好。

pandin 碰顶 到顶,最多:到外滩~只有两公里路。

sakkua 煞快 没完没了:我生活做~。

sakxi 煞死 ……个没完:吃~。|做~。

sak 煞 ①得很,极了:儿子介晏还呒回来,我真是急~。②非常:房间~亮。③到了顶点:想~急~。

tek 忒 太:车子踏得~慢了。|迭个地方~龌龊。

xhiaqi 邪气 很,非常:孵眼茶叶~好。|孵眼茶叶好来~。◇在动词后面的用法是旧上海话用法。

'xixi 兮兮 表示"有那么点儿":我看伊邋遢~。|孵个人戆~。

yaomin 要命 很,极:吃力得~。

yaoxi 要死 很,极:车厢里向轧来~。

yhoudek 有得 ①更要有,还要有:侬勿听言话~苦了!|阿拉等辣海,~好戏看!②得以,能得到。动词用法:我~吃,侬呒没吃。③有:我~一本侬要看个书。

yiktakwhudhu 一塌糊涂 不得了,极了:地浪向湿得~。|伊开心了~。

zokgue 足惯 ①老,总,总是:伊~勿起劲。②终究:伊~会赢个。

117

2. 范围

dendang 耷当 一起,集中:~进,零碎出。

hanbaklan(dan) 亨八冷(打) ①总共:我袋袋~只有一百元。②统统,一切:㑚间房间里个物事~侪要搬脱。

yikghonglongzong 一共拢总 总共:真是浪费,算算~已经用脱几万元了!

yiktakguakzy 一塌刮子 总共,统统:今朝一日天工夫,~卖脱廿斤菜。

3. 情态

bedhin 板定 一定,总归:礼拜日,我~要到阿姐屋里去个。

dhikwhe/dhekwhe 特为 故意。

dhingue 定规 一定,非要:我勿管哪能,~要做好㑚桩事体个。

ghaklak 轧辣 当然;总归,肯定:我叫伊去,伊~去个。|㑚桩坏事体~是伊个弟弟做个!

hhaosao 豪傤 赶快:侬~到公司里去,经理有要紧事体寻侬。

koukakkou 扣搿扣 ①恰好:㑚部车子~赶上。②差一点就不够:侬拨我个材料,真是~。

lakmaksandhou 辣陌生头 冷不防,突然:伊~喊起来,吓脱我一跳。

ngebe(su) 呆板(数) 必然,肯定:事体明摆辣海,~㑚能做。

nyuoejhiu 原旧 仍旧;照原来样子:弄来弄去,还是~回到老办法去做。

'qudek/'kuedek 亏得 幸亏:~侬来了,否则阿拉要急煞脱了。

shaksandhouli 着生头里 突然。

sokxin 索性 干脆:我自己来做,~勿要侬帮忙了。

tikzen 贴准 ①正好,恰巧:~是侬嘛,阿拉可以好好谈谈了。②完全:~照侬个话做。

xhiqiao 齐巧 恰巧,正巧。

4. 时间

bensan 本生　本来:我~是勿叫伊来个,后来想想叫伊来也勿错。
gaksou 隔手　随即:看伊走过来,~勿看见伊了。
kua 快　即将:火车开~了。|本来伊讲今朝上半日到,现在到~了。
lakmek 辣末　最后:~两门题目我做勿出。
laodizy 老底子　原来,从前:辩眼字伊~就写好辣海个。
mekjiak 末脚　①最后:我~一个走出去。②底:还剩到~一眼眼。
nebe 难板　偶然,很少:我~到图书馆里去个。
shakmekjiak 着末脚　最后。
shanzang 常庄　常常:伊~要旧地重游。
xikxik 歇歇　①马上,一会儿:侬等一等,伊~就来个。②休息一下,动词用法:侬~,我马上来叫侬。◇歇歇,老上海话有时读 xinxin,是"歇"儿化为"xin"的读法。又,儿化失落后"歇"也读作"xi",如"坐一歇""坐歇"读作 shuyikxi、shuxi。
yhoushanshy 有常时　有时候:伊~做做,~勿做,辣辣磨洋~。
yhoushenguang 有辰光　有的时候:我~去,~勿去。
zaoe 早晏　早晚,迟早:一直勿听我闲话,侬~要吃亏倒霉。

5. 语气

ledaek 来得　会;就:侬辩能做~慢,伊埃能做~快。
wen 稳　肯定,准,有把握:我晓得迭盘棋,伊~输个。|数学考试,伊~拿一百分。
whansy 横竖　反正:我~要输了,来帮侬一记忙。

6. 关联判断

dhayakmok(zok) 大约摸(作)　大约:我也吃勿准大,是~个。
nezong 乃终　这下子:~伊完结了。|~伊个要求满足了。
papa 派派　按理说,料想:~伊勿会去个,结果倒去了。

segu 赛过 好像:事体伊~侪晓得个。
xhiansak 像煞 好像:辩块地方我~来过歇个。
zekxiao 只消 只需要:完成辩篇文章,我还~两分钟了。
zokxin 作兴 也许,可能:现在辰光还勿到,~伊会来个。
'zong 终 有大多数把握的预料:今朝伊~会得来个。|我讲得辩能仔细,侬~懂了!

十三、介词、连词

'bang 帮 和,与,跟:我昨日~芳芳打脱两只电话。|我~伊是同学。◇介词"帮"由动词"帮"虚化而来。
dek 得 和,与,跟。"得"自"对"虚化而来。◇"得"也写作"搭",但与老派上海语音有异,用的是旧时的文读音:搭、答 dak。
'gao 告 和,与,跟:我今朝~侬一道去跳舞。
kek 葛 那么:身体勿好对哦,~侬就勿要去了。
'kekmek 葛末 那么:~再加我两只好唻!
'kekssi 葛是 那当然是:~辩搭个面筋百页双档最正宗。
nemek 乃末 ①于是,然后,那:吃得胖来死,~要影响发育。|措施我想好了,~要去做。|侬勿想去,~我也勿去了。②这下:~僵脱!
ne 乃 现在;这,这下:~已经收场了,勿晓得还寻得着哦?|~以后,要注意经常锻炼身体。|~倒霉了,事体勿好挽回了。
tek 脱 和,与,跟:我~侬一道到北京去。|侬~伊明朝一定要交作业了。◇"脱"自"替"虚化而来。
tekzy 脱仔 和,与,跟:我今朝~小张打了半个钟头电话。〈连〉和,跟:伊勿拿情况告诉我~侬两个人。◇又作"得仔"。
yaomek 要末 要不,不然:吭没介快个,~寄"特快专递",明朝就可以到。

十四、语气助词

(ghek)a（个）啊　表示敷衍答应:好啊！我去个啊！
'ao 噢　表示叮嘱:灯管勿要忘记买~！／洋伞要带好~！
ghek 个　①表示确实肯定:我勿会忘记侬~。②表示提醒、警告:乱穿马路要轧杀~！
ghek ao 个噢　表示提醒、警告:辫眼水是开~！
ghek ou 个噢　表示羡慕或反感:伊老聪明~！｜侬老怪~！
ghekhhao 个嚎　表示怜惜:伊蛮作孽~！（她挺可怜的！）
(ghek)hha（个）啊　表示怀疑:勿要骗骗我啊？｜伊会来个啊？
ghekhhe 个咳　表示称赞:侬蛮来三~！
ghekya 个呀　表示勉强赞同:我明朝会到会~。
haolek 好了　表示劝听、商量:侬勿要买~。｜买红个颜色~。
haole 好哎　常用的语气助词。①表示劝听、商量,口气较重:侬吃点~！｜送拨我~！②表示承诺、许可:侬就辣辫搭停车~！③表示劝听、商量:再做一歇~！｜马路浪向吃吃~！④重读表示要求同意答应:一元买一只末~！｜点辫只冷盆~。◇语气轻点用"haolek 好了",只表示建议。
hha 嗐　表示叮嘱:洋伞带好,~！
(ghek)la（个）啦　表示不满埋怨:侬哪能介糊涂个啦！｜侬看伊触气勿啦！
la 啦　表示讨厌:侬做啥~！来惹我。
lekao 了噢　表示提醒、警告:警察就要来~！
lek 了　表示劝听、商量:勿要吵~！
le 唻　①表示称赞:辫块料作最好~！②表示提出:唱一只~！③表示劝听、商量:我吃力煞了,阿拉坐脱一歇~！
nao 喏　①表示威胁:侬嘴巴再硬,当心我拨侬吃生活~！侬倒做做看~！②表示指明:我脱侬讲~！｜侬看看侬辫副腔调~！

qile 起来　表示催促、命令:大家票买~！|走~！走~！

ya 呀　表示催促、命令:勿动做啥？走~！

十五、叹词

'akya/'akyaya 啊呀(呀)　①表示着急、惊呼:啊呀,我个洋伞勿见脱了！|啊呀呀,车子开脱唻！②表示兴奋、惊讶:啊呀呀,伊一脚踢得几化准啊！

'ao 噢　表示答应、知道:~,我去做,我勿会忘记脱个！|~,我会去做好个。

'e 哎　表示懊恼、悔恨:~,我想来想去真勿对！|~,我辣桩事体勿应该去做个。

'e 哎　一般呼唤:~！小王,侬快点来呀！

'hen 哼　表示愤怒、鄙视:~！辣个人最卑鄙！

hhao 嚎　①表示诘问、疑问:~？有辣种事体个啊？|~？真个啊？②表示惊讶、出人意料:~,有各种能事体个啊？

hha 啊　表示诘问、疑问:~？伊是个保安啊？

hha 嚯　表示没听清:~？侬再讲一遍！

hhe 咳　表示肯定:~,一点勿错！|~,就要照侬讲个办法去做。

hhe 嗳　表示否定、反对(长音):~,侬勿要瞎讲！

hho yo 喔唷　①表示不屑、不满意,与自己期望值相差大,或瞧不起:~,我看看也呒啥好。②出人意外,吓一跳:~,啐啐！掼痛哦？

'nao 喏　表示给予:~,优盘拿去！

nao 喏　表示指明:~,辣个就是金茂大厦。

'o 喔　①表示醒悟:~,想起来了。②表示疼痛:~,肚皮痛得要命！③表示舒服、快感(长音):~,~,真适意！

'okyo 喔唷　①表示兴奋、惊讶:~,是侬啊！长远勿见！②表示出其不意:~！推扳一眼眼掼脱一跤。③表示忍受不住、疼痛:~,真吃力！|~,头痛来！

'okyowa 喔唷哇　表示痛感、受痛:~！打得真重啊！|~！撞辣树浪。

'pe 呸　表示厌恶、不屑一顾：~！啥人要睬侬！
'we 喂　不够客气的招呼：~！走开点！
whe 喂　打电话开始的招呼：~，侬是啥人？
yhi 咦　①表示惊讶、出人意料：~，哪能介滑稽个！②表示讨厌（长音）：~？侬过来做啥！
'yo 唷　①表示讽刺、挖苦：~，伊鸡变凤凰唻！②表示惊讶：~，侬看暴风雨来了！

十六、插语

akshy 阿是/defha 对哦/shyfha 是哦　有时候说了一句话以后，会跟上一个可有可无的口头语，此类词语像在问听者是不是，实际并不问。如：伊拉爷娘~，老宠伊个。

yhi gang 伊讲　跟在句尾，无实义，仅有稍强调前句作用。如跟在句子的"哦"后，有时带有一点"惊讶"味。如：要考试了哦~。有"居然要考试了"的含义。

ninka gang 人家讲/'tin gang 听讲/yhila gang 伊拉讲　这三个词组都有"据说"的意思，被称为"插入语"的，放在句子前，使所说的那回事有点似是似非。如：~，庙会已经开始了。

ghekghek 㧯个……　在说上海话遇到语塞时，有四大口头语。此词是开言时用。

nemek 乃末……　接续语塞时用。相当于普通话中的"然后……"。

xhiushy gang 就是讲……　像要解释时，其实也是语塞时用。

yhi gang 伊讲……　后煞时用。

十七、熟语

1. 三字格

babiaojin 摆标劲　故意显示自己的才能，显身价，又不肯帮助别人。

bakyhoufhen 百有份 爱管闲事,件件事都插足介入。

'ban shanmi 绷场面 撑场面。

baosenga 保身价 爱惜自己的身体。

'be codhou 扳差头 找岔子。

be qiksy 扳皱丝 找岔子,硬找毛病。

bhifongdhou 避风头 躲过人祸;避过某事、某运动最剧烈的阶段。

bhik miaodhou 别苗头 比高低。

bhudhounga 伏豆芽 无工作或不参加工作待在家中。

cak bhanjiak 拆棚脚 拆台。

cak dhejiak 拆台脚 拆台。

cak lakzok 插蜡烛 ①到场装样子。②站在谈恋爱的男女之间而不避开。

cak lewu 拆烂污 做事不负责任。

cak ngakua 插外快 占意外的便宜。

cakcoeban 拆穿崩 露底。

cakgabhang 拆家棚 ①把家产任意挥霍或把家产任意挥霍的人。②无故把东西拆坏,或无故把东西拆坏的人。③全部弄光。

'can shanmi 撑场面 支撑表面的排场。引申指维持面子。

cao langfhe 炒冷饭 旧事重提、旧话重讲、旧事重做。

cekfongdhou 出风头 显耀自己;有光彩,很神气。

cekhodhou/zak 'hodhou 出花头 想出新花招了。

cek yhanxian 出洋相 闹笑话,出丑。

cok medhou 触霉头 倒霉;挖苦;用不吉利的话损人。

cokbikjiak 戳壁脚 背后挑拨,说坏话。

'cy laba 吹喇叭 ①吹捧。②雨伞被风吹翻。

dak soujiak 搭手脚 插进来增添麻烦。

dakgazy/dak gazy 搭架子 摆架子。

daksedhou 搭讪头 为与生人接近而找话说;与人随便拉话。

dandhoupao 打头炮 ①开头炮。②冲锋在前,打头阵。

dan whepiao 打回票　退回。

dan yhuoeshan 打圆场　调和矛盾,解决纠纷。

dha naozy 汏脑子　改造思想,开导。

dhaojianwhu 淘浆糊　①马马虎虎、敷衍塞责地混。②不讲原则,和稀泥。③说话东拉西扯。④调解,斡旋摆平。

dhi dhejiak 垫台脚　①垫底。②找靠山爬上去。③有事求人而行贿。

dhiaoqianho 调枪花　说话善于玩弄言辞,玩弄手法。

dhoedhoezoe 团团转　①转个不停。②忙个不停,手足无措。

diao whekou 吊胃口　逗引而不给或不说。

diaobakjin 吊八筋　衣服做得太小而紧贴在身上。

dijinlian 掂斤两　原意掂估重量,引申为估计一下利害。

dok medhou 乿煤球　故意说反话嘲讽人。◇"煤"字谐音"霉"字,"乿煤球"即大触霉头。

fang bhakgek 放白鸽　①说空话;应诺而不为。②[旧]一种诈骗术,荡妇用甜言蜜语,伪称从良,嫁过去不过几天,席卷所有钱物而远走。

fang daogou 放倒钩　①安插线人。②倒打一耙,反戈一击。

fang yhahu 放野火　在外边乱说,造舆论。

fangyikmo 放一码　放过这一遭。

'fe maoqian 翻毛腔　翻脸发火。

fhepaozok 饭泡粥　说话啰嗦,或指这样的人。◇原指将饭煮成粥的时候"托托托"的声音时间很长。

gangjindhou 讲斤头　各不相让地讲条件。

gayiqi 解恢气　消除烦闷和寂寞,消遣。

ghak miaobhou 轧苗头　审时度势,看情况灵活办事。

ghaknaoman 轧闹猛　往热闹处挤去。

ghakyikjiak 轧一脚　介入,参与,插一手。

ghasewhu 茄山河　聊天,侃大山。

ghe bhadhou 隑牌头　倚着靠山。

ghue padhou 掼派头　讲排场,显示自己的气派、风度。

ghuelangdhou 掼浪头 说大话,显示自己有能耐。

hakwhudhiao 瞎和调 跟在别人后面乱说。

haoqikfhe 好吃饭 容易做,很容易对付。

haosoujiak 好手脚 得心应手做工的人。

'holusy 花露水 花头;吸引人的东西。

huak linzy 豁翎子 暗示;提示。

jia 'yindhou 借因头 ①找借口。②借机。

jiakbhanjiak 脚碰脚 ①并排脚放在一起。②差不离。

jiao luzy 校路子 矫正地方的思路、言行。

jik linzy 接翎子 领会对方的暗示。

'kao mokyhu 敲木鱼 再三告诫。

'ke dhaxin 开大兴 吹牛,说大话;蒙骗,戏弄;说话不算数。

'ke yhanhun 开洋荤 ①到国外见世面,享受外国人生活。②吃较好、较新鲜的食物。③做新鲜事,开了眼界。

koe yhange 看野眼 四处闲望,指不专心手头的事。

koesesy 看三四 见机行事,看情况灵活处事。

'la bhadhou 拉牌头 兜揽主顾,替人找个靠山。

labaqian 喇叭腔 办糟了,很不像样。

'lao ngakua 捞外快 捞取正常收入以外的利益。

'lao whandang 捞横档 ①从中获取不正当的钱财。②乘机捞到中间的好处。

lin shymi 领市面 了解行情、情况。

lu 'fongsen 露风声 露出一点信息。

ma mizy 买面子 看在情面上帮忙。

ma mizy 买面子 讲情面。

maguezy 卖关子 会某种事情或知道某件事、某种方法、知识而故意不说不做。

me boepak 慢半拍 跟不上,慢一步。

ngacakho 外插花 计划之外的插入:辫两个月~太多,开销实在忒大。

ngao nidu 咬耳朵　凑近耳朵说悄悄话。

ninlefong 人来疯　①指小孩在客人来时表现得不安静、不文雅。②在人多的场合,十分激动,手舞足蹈,好表现自己。

nyuoenidu 软耳朵　意志不坚,听别人话后易改变原意的人。

okxizu 恶死做　事情做得让别人走投无路;做死做绝。

pik ngansha 劈硬柴　平分付钱。

qi bhongdhou 起蓬头　①起哄,造声势。②有新的发展。

'qi dhoubhi 牵头皮　提起或数落人家的旧过失、把柄或已改正的缺点。

qianganfhe 抢羹饭　心急得很,抢着做(贬义)。

'qiansy niong 腔势浓　气派大,花样多,气势足。

qik bhabhou 吃牌头　受人批评指责。

qik bhakshek 吃白食　①未替别人做事而白吃饭。白吃人家的东西。②欺诈人的财物。

qik dhouwhu 吃豆腐　①挑逗、侮辱妇女。②挑逗着开玩笑。

qik ghakdang 吃轧档　两头受气,两面勿讨好。

qik ghakdhou 吃轧头　受挫。

qik ghokdhou 吃搁头　受挫。

qik lusy 吃螺蛳　说话或唱歌时出现失误性的停顿。

qik 'sanwhek 吃生活　挨打。

sakfongjin 煞风景　在兴高采烈的场合下使人扫兴。

saogen 'jin 少根筋　脑子糊涂,领会时就差人一截。

'sejiakmao 三脚猫　似都懂但都不精通的人。

sek juhho/sekjuhho 说鬼话　瞎说;说谎话。

shang dangzy 上档子　品质、品位较高,合乎某个标准,够进入高一级的档次。

shang dhemi 上台面　①人举止谈吐落落大方。②事物的品质较高,有面子。

shangshanhun 上场昏　怯场;在关键的场合不能正常发挥。

shaofedao 造反倒 许多人乱吵乱闹。

shy mozy 是模子 是个人物；有魄力。

'sou guekdhou 收骨头 对人开始严加管束，不得松垮。

tak bhini 揩便宜 ①占到便宜，讨便宜。②侮辱他人，常指轻佻地打人或抚摸女人身上某些地方。

tao koufong 讨口风 探口气。

tao soujiak 讨手脚 使人觉得麻烦。

tezaosy 退招势 丢脸。

'ti souqaik 添手脚 添麻烦。

tiao whangpu 跳黄浦 原指投黄浦江自杀，引申指投河。

'tinbikjiak/'tin bikjiak 听壁脚 在墙壁跟前或隔墙偷听对方谈话，引申为躲着偷听。

'tong luzy 通路子 打通关节，走后门。

veklese 勿来三 不行：今朝要我帮侬搬家生，~。

vekleshy 勿来事 不行。同"勿来三"。

veklindhen 勿领盆 ①不买账：伊一直拑牢我，讲我勿脱大家配合，我倒~了，侬自家就配合过我哦！②对对方的压力、强势、暴力、威胁等不服、不怕：就是要去打我个官司，叫我坐监牢，我也~！③不服输：侬讲伊个功课比我好，的倒~辣海。

vekliqi 勿连牵 ①不像样：侬辩眼生活也做~，侬还有啥用场？"②不连贯，讲话结结巴巴样子：侬今朝要去脱老师讲：我礼拜五要请教一日，侬讲得连牵哦？③不成，没办法：侬毛笔也捏~，哪能写得好毛笔字？"④不入门。

veksekdhou 勿识头 ①倒霉，晦气的：一个疏忽，拨伊敲着一记竹杠，今朝真是~！②不知好歹：辩个人真~，我帮伊也吭没用。③出气：丈夫外面混得勿好，回来拿我~。

veksekyi 勿适意 ①不舒服。②身体不好、生病了的委婉语：伊~进医院了。

veksensy 勿生势 没出息：辩个人做眼事体侪是小儿科来死个，真~！

vekshaklok 勿着落　没有结果,心里没底:我看伊桩事体吭没告诉伊结论,伊心里总归有点~。

vekshekdhiao 勿入调　言行庸俗低级。

veksoushan 勿收场　没个底:条马路翻啊翻个,从年头到年末,翻~了!

vekwheklok 勿活络　①身体某部位功能差了:我手脚侪~了。②死板,不知变通:伊哪能一直顶紧仔撞,一点也~,连后路也勿留?

vekzoksu 勿作数　不算数:我刚刚讲个言话是随便讲讲个,听得来个,勿~个。

whansywhan 横竖横　横下心来。

xekdakga 勿搭界　没关系,没事儿:我撞着侬一记,对勿起!——~个!

xhiandhoucao 墙头草　喻某种人像墙上的草一样风吹两面倒,自己没有立场和主意。

xhinhhousy/xhin'housy 寻吼势　寻衅;有意找岔儿来为难。

'xian bhikdhou 香鼻头　相撞、碰壁。

xiaolokwhe 小乐惠　舒适;小小的满足和自在。

yhadekcek 野得出　①做得出不正派、野蛮的举动。②闯得开。

yhaluzy 野路子　非正统,非科班出身。

yhikexiao 现开销　①当面辩个明白。②当场解决问题。③当场发难或给以回击。

yhou whega 有还价　有商量余地;有条件可议。

yikjiakqi 一脚去　①全完了。②全部拿走;跟走。③死了。

yikmeksek 一抹色　一种颜色到底,一种式样。

yikqiandhou 一枪头　①一下子便成功。②一次性。

yiktik yhak 一帖药　甘心顺从、佩服。

yikzak din 一只顶　最优秀的。

zak dheyin 扎台型　①出风头;有光彩;很神气。②要面子,争面子。③有面子。

zak mizy 扎面子　争面子；有面子。
'zang sendhou 装榫头　栽赃；巧设借口加罪名。
zao bhadhou 照牌头　①依靠别人的力量办事。②总归。③按理。
zokbedhou 捉扳头　找茬儿。
zou jiklu 走脚路　请人代为通融，走后门。
zu soujiak 做手脚　制造假象改变事情的原来面貌。

2. 四字格

akdiala niang 阿爹拉娘　表示不满、吃惊、责怪等情绪的感叹语。
bhan ngakgokdhou 碰额角头　碰运气。
cakshangcakhho 插上插下　不相上下。
cao lanfhedhou 炒冷饭头　重复。
cek hoyhangjin 出花样经　出花招；别出心裁。
cekjincekgua 出精出怪　想出歪点子，提出怪要求。
'cydhouguanao 痴头怪脑　疯疯癫癫。
daksoudakjiak 搭手搭脚　东摸摸，西碰碰，插进来增添麻烦。
dan cakbijhiu 打擦边球　原指打球时打在球桌或球场线的边上，使对方难以判断，现喻办事或写文章的内容在限定的范围内外的边上，带有冒险性，又难以找岔子。
dang erbifong 当耳边风　当作耳边吹过的风，指根本不把对方的话当作一回事。
'dangshakfhekshak 当着勿着　①应该这样做他却做成那样。②常说不该说的话。
dhengelokjin 弹眼落睛　①瞪圆眼睛，凶狠的样子。②炫目耀眼，吸引眼球。
dhoungdhoulok 投五投六　①做事冒冒失失，没有头绪。②到处寻觅或借贷。
dokdhin tase 笃定泰山　十分肯定；十分放心。
fenbhinnidu 粉皮耳朵　耳朵软，喻没主见。

fhebaoxhisy/fhebao xhisy 万宝全书　百科全书,喻无所不知的人。

gacygange 假痴假呆　①装呆。②佯装不知,装聋作哑。

gakyhamikong 隔夜面孔　没睡醒的样子或醒来后未洗脸。

'gayhougajian 加油加酱　增添内容或材料。

ghaoqikniese 搞七廿三　①乱搞一气。②胡缠。

ghoudhousokjin 跔头缩颈　蜷缩着头颈。

goubidaozao 狗屁倒糟　①很吝啬。②很不像样。

'goujidakbe 勾肩搭背　互相把手臂挽在对方的肩上,形容亲热。

haknindaogua 吓人倒怪　令人害怕受惊。

halsehhosy 瞎三话四　瞎说,胡诌。

hasouhajiak 蟹手蟹脚　做事手脚不灵活,动作配合不协调,样子难看。

hensehensy 狠三狠四　蛮横,凶狠。

hhehho yikju 言话一句　没二话,意为不必多说,当然帮忙办到。

hhoemaolinlin 汗毛凛凛　相当怕人,怕得汗毛也竖起来了。

hhongngeloksek 红颜绿色　五颜六色,色彩多。

'hogong dhaodhi 花功道地　善于用甜言蜜语取悦人。

'hundhoulokcong 昏头落蹱　昏头昏脑,糊里糊涂。

'huyaoheklok 呼么喝六　乱吆喝。

jhianxiongbodhao 强凶霸道　蛮不讲理,横行霸道。

'jidhouboxi 尖头把戏　①善于钻营,爱打小算盘,使小手段,爱扇小扇子等行为。②尖嘴猴腮的模样。

juhhoseqi 鬼话三千　尽说鬼话,胡说八道。

'kaodinzoejiak 敲钉转脚　追问到底。

koe xiyhanjin 看西洋景　①看拉洋片。②看稀奇事,看热闹。

kokcekwula 哭出乌拉　哭丧着脸。

'kongxintangbhoe 空心汤团　不能兑现的许诺。

kuasoukuajiak 快手快脚　动作迅速。

kuncymongdong 睏痴懵懂　人因瞌睡而糊里糊涂的样子。

laksoulakjiak 辣手辣脚　手段毒辣厉害。

laoju sekpik 老鬼失撇　资格老、能耐大的人失策。

ledekzenhao 来得正好　①来得正是时候。②正中下怀。

leksakdiaoxi 勒杀吊死　①吝啬得很。②气派很小。③拖拖拉拉不爽快。

lesakfhekjhik 来煞勿及　迫不及待。

linyhouyikgong 另有一功　有与众不同的功夫。

loehhoseqi 乱话三千　乱说,胡说。

lokshenwhuzy 六神无主　形容因惊慌或着急而没了主意。

ma yhanindhou 卖野人头　装作精通而弄假骗人。

mayhanfheksak 卖样勿煞　对炫耀自己东西者的带有忌妒的讥讽。

'mihongexiao 眯花眼笑　笑逐颜开。

mishokmaksan 面熟陌生　似曾相识。

nganzang sendhou 硬装榫头　①搭不上的事情硬加上去。②横加罪名。

ngaoxinqikku 熬辛吃苦　含辛茹苦。

ngeholokho 眼花落花　眼花缭乱,看不清楚。

ngesoungejiak 碍手碍脚　妨碍别人活动;给人带来阻碍。

nghelokzong 五颤六肿　到处肿得厉害。

nik dhudhouhun 热大头昏　想入非非,做白日梦。

nikhundidao 热昏颠倒　昏了头。

nikshansyjiu 日长世久　久而久之。

nikzanyhadhu 日长夜大　长得快。

numixinshan 糯米心肠　心肠很软。

'ojhiukunao 挜求苦脑　苦苦哀求。

'ouyaoquikbe 伛腰曲背　弯着腰,驼着背。

paksoupakjiak 拍手拍脚　高兴得手舞足蹈的样子。

qifongyhindhou 牵风引头　引起、挑起事端。

qik dhinxinwoe 吃定心丸　使心中有数而安心。

qik lakhujian 吃辣货酱　①吃辣椒酱。②比喻给点厉害尝尝。

qik nendhouwhu 吃嫩豆腐　招惹软弱可欺者。

qik 'sanmifhe 吃生米饭　喻态度很恶劣。

qikfheklaoqi 七勿牢牵　不正规,不像样:侬字也写得~。

qikhuabakqi 七歪八牵　①不整齐。②不端正。

qikhunbaksu 七荤八素　头昏脑涨,糊里糊涂。

qikjhiaobaklik 七挢八裂　①闹矛盾,惹是非。②到处裂开翘起。③东西不平贴。

qikxinqikku 吃辛吃苦　含辛茹苦。

qikzybakdak 七支八搭　①乱搭腔。②乱说,胡扯。

'qininebe 千年难板　很偶然;偶尔。

'qisybeden 牵丝扳藤　拖拖拉拉;不爽快。

qizaolokyha 起早落夜　一清早就开始,很晚才歇。

saoyhousaoji 少有少见　人或事的坏样子真是少见(含厌恶意)。

shekdhougounao 贼头狗脑　鬼鬼祟祟的模样。

shekyaoleghue 直腰懒掼　无精打采,身子东斜西靠的样子。

shenhundidao 神昏颠倒　神志恍惚,不分昼夜。形容入了迷。

shenqiwhakyhi 神气活现　趾高气扬,不可一世。

shenyaojugua 神妖鬼怪　①鬼神。②装出鬼样子。

shenzywhuzy 神志无主　头脑糊涂,不清醒;做事说话糊里糊涂,不上心,不加思考。

shokmenshoklu 熟门熟路　①得心应手。②门路十分熟悉。

shoudhen mok 'go 揩藤摸瓜　顺藤摸瓜,喻沿着线索调查研究,追究根底。

shu lanbeden 坐冷板凳　受冷遇。

shu 'qiaoqiaobe 坐跷跷板　左右摇摆不定。

shysekshyhho 自说自话　①自言自语。②未经他人同意自作主张。

soe xiaosoezy 扇小扇子　从背后替人出坏点子。

sou whenlindhou 收魂灵头　收心。

sylindakdi 水淋落渧　湿得滴水。

tekbhoulokpe 脱头落襻　说话做事丢三落四;器物损坏不完整。

'tunidasy 拖泥带水　①物体上、身体上等带着污水或湿淋淋的水。②比喻做事不干脆利索或说话、写文章不简洁。

vekhaoyisy 勿好意思　"请问"的发语词:~,去大世界乘几号线?

veknifhekse 勿二勿三　不正经,不像样。

veksefheksy 勿三勿四　不伦不类,不正派,不规范。

vekshakfheklok 勿着勿落　①言语举动不合适没分寸:侬个人,讲言话呒大呒小个,~!②虎头蛇尾,未完成:事体交拨伊做,一向是~,实在勿放心。③事情处于未完成的状态:辫桩事体做得~辣海,叫我哪能好离开?

wakkongxinsy 挖空心思　用尽心计。

whangngnaozy 黄鱼脑子　喻记性很糟糕的脑子。

whangniujigak 黄牛肩胛　耷拉肩膀,喻不负责任,遇事卸肩。

whekbokxitiao 活剥鲜跳　活跃有劲,生命力旺盛。

wheksenpigu 活狲屁股　喻坐不住的人。

whenlinsesen 魂灵三圣　灵魂。

whutiyhadhi 无天野地　①不着边际。②没有收场的时候。

xhinxizokwhek 寻死作活　耍无赖,故意做出要寻死的样子。

xhisy yikjik 前世一劫　前世欠债。

xhisy zok nik 前世作孽　①在现实生活中找不着原因,只能是前世做坏事,今世受报应。②真造孽。

xiaoce yikdhik 小菜一碟　原指一小盆的菜肴,现喻指小事一件,很方便,不必放在心上。

xiaogabhaqi 小家败气　吝啬;没气派。

xiha yhikzak 死蟹一只　①事情办糟弄僵,不可挽回。②喻人疲惫不堪、不能动弹或失去自由。③喻外行无能为力。④喻一切无指望。

'xijhifheksak 稀奇勿煞　稀奇;了不起(含嘲讽意味,常用于"勿要""有啥""啥个"等之后)。

'xinminjiaogue 性命交关　很危险。

xiwheklenten 死囫囵吞　没精打采,爱理不理。
xiyhanhuaqi 死样怪气　①不死不活的样子。②爱理不理的样子。
'xuoejhulekbi 揎拳捋臂　犹摩拳擦掌,摆出打架的架势。
yaojinfheksak 要紧勿煞　①有什么要紧的？②很紧要。
'yaongheklok 吆五喝六　神气活现地吆喝这、吆喝那。
'yaoyhinguashang 妖形怪状　奇形怪状。
yhadhouyhanao 野头野脑　没规矩,不受管(一般指青少年或小孩)。
yhicaoyhima 现炒现卖　喻当场学得的马上教给别人或用上去。
yhouqianhuakdhiao 油腔滑调　油滑,轻浮。
yhousuyhoumak 有数有脉　①一清二楚。②有交情。③心中有数。
yhouxinyhouxian 有心有想　有耐心。
yhouyaomjin 有要呒紧　做事不抓紧,慢吞吞,一点不心急的样子。
yhouzongcekzong 有种出种　父母的习性潜移默化于子女,子女就像父母样(多用于贬义)。
yhuqikshanbak 远七长八　很远；很久。
yikdok shetu 一沰馋唾　不屑一顾；感到很糟,很看不起。
yikguaklianxian 一刮两响　①形容干果脆。②言谈或办事干脆利索。
yikjiakloksou 一脚落手　一口气,不停歇。
yiktisyga 一天世界　到处都是,凌乱不堪；乱套,无法收场。
'yinyhanguaqi 阴阳怪气　①不直率,吞吞吐吐。②不阴不阳,不死不活的样子。
zak lidangku 着连裆裤　互相勾结(合做坏事)。
zasouzajiak 爪手爪脚　做事不熟练,使人看不入眼。
zenhhanzenjin 正行正经　①正式,认真。②正经的。
zu dhudhoumang 做大头梦　白日做大梦。

3. 五字格

bebe lokshek sy 板板六十四　死板得很。
bhanbhikdhou zoewe 碰鼻头转弯　①遇阻拐弯。②碰钉子回头。
cakcoe 'xiyhanjin 拆穿西洋镜　露底,揭穿真相。

dak dhouwhugazy 搭豆腐架子 原指并无资本,一带就倒的虚架子。喻摆臭架子。

'dindhoubhan tikdhou 钉头碰铁头 硬碰硬。

ghangjin fhekghang cek 戆进勿戆出 装得傻乎乎,实际上老是占人便宜。

kakkak xiaobhizy 掐掐小辫子 略胜一筹。

lewhu 'sexitang 烂污三鲜汤 ①原是徽菜中一种荤素杂汤,后用以骂淫贱的妇女。②不负责任、胡乱为事而搞得乱七八糟。

liandhou vekshakgang 两头勿着港 两边都得不到预料可得的好处。

nganzang fudhoubin 硬装斧头柄 强加罪名,强行张冠李戴。

ngjin hou lokjin 五斤吼六斤 说话、争论时激烈而急迫的样子。

nikbhikdhou zu mang 捏鼻头做梦 白日做梦。

pipiyhanindhou 骗骗野人头 骗那些不懂的、没头脑的人。

'qiandan cekdhoudiao 枪打出头鸟 出头者必担风险。

qik laobhokgoefhe 吃萝卜干饭 从最初的做起,下苦功夫去学本领;做学徒。

qik 'yhuoewangguoesy 吃冤枉官司 ①因冤枉而坐牢。②被人冤枉。

saksou dak mifen 湿手搭面粉 粘住了甩不掉,喻介入某事后甩不掉。

sanghek yikbak san 省个一百省 ①算了吧;省点事吧。②办不到。

whensen fhekdak ga 浑身勿搭界 一点关系也没有。

'wughao bakyhikjik 捂搞百叶结 胡搅蛮缠。

whoetang fhekwhoe yhak 换汤勿换药 表面更换,实质未变。

xhiansakyhougashy 像煞有介事 ①装模作样,像真有这么一回事似的。②摆足架势。

yhaodhou huak nibo 摇头豁尾巴 摇头摆尾。形容驯服或得意的样子。

yhuoekong bakzak jiak 悬空八只脚 ①高不着地,虚假,与实际差得远。②离得很远。

yhuoeke bakzak jiak 远开八只脚 差距很远。

zyngan guekdhou su 嘴硬骨头酥 说得很硬,但临事退却。

上海话中外来词的正音正字

上海开埠以后,很快成为一个国际化的大都市,上海人以豁达宽容的胸怀和派头,无所顾忌地吸收了大量的外来词。这些外来音译词,绝大多数是从英语引进的,也有少量从法语、德语、俄语等传来。

西洋近代文明无论工艺、建筑、交通、衣饰、饮食、文教、医卫、音乐、体育、娱乐和生活用语,各个领域在上海方言中都留有音译词。下面按类以语音次序列出[从日语中传来的大量借形(字形)词不在此列]。

这些外来词,有几种情况:第一种是全词完全音译,如"白兰地、马赛克"。第二种是为了提示词义属类或凑足双音节,采用音译加上汉语语素的词,如"卡(card)片""啤(beer)酒""沙丁(sardine)鱼""雪茄(cigar)烟"。第三种是中西合璧——音译成分和意译成分结合成的词,如"冰淇淋(ice cream)","冰"是意译,"淇淋"是音译。又如"苏打水(soda water)","苏打"是音译,"水"是意译。第四种是音义双关造成的词,如"俱乐部(club)""维他命(vitamin)",这些词读起来是音译的,看起来又是意译的,不乏造词者的创意。还有少数的词是有转义的,如:"卡车(car)"转义为"载货汽车","拉斯卡(last car)"转义为"最后一次"。最后一种是由音译词加上汉语词组合成词组式的新词,如"车胎(tyre)""沙发(sofa)椅""派司(pass)照"。

我们从借词的发音中可以知道它们是用上海话的语音翻译的,如:沙发(sofa)、马达(motor)、马赛克(mosaic)、啤酒(beer)、加拿大(Canada)、丹麦(Denmark)、伦敦(London),等等。

从上海人创作使用外来词中,可以见到他们不以新事物为惧,不为窠臼所囿,如水中鱼,优游自在,顺势而动,可识得上海人的灵动气派。

近代广州也和上海同时开埠,当年在粤语中也产生了一些外来词,像"沙律(色拉)、朱古力(巧克力)、车呔(车胎)、摩打(马达)、迪士高(迪斯科)、忌廉(冰淇淋)"等,不过后来进入普通话的大都是上海话的用字。

1. 工艺

'banpu 泵浦(pump)　抽水泵,唧筒。
bhoelin 培令(bearing)　轴承。
bhusy 蒲司(bush)　轴瓦。
fheer 凡尔(valve)　阀门。
'filekpi 飞勒片(feeler)　测量缝隙用的尺具,测隙规。
kangleksen 沉孔(countersun)　螺丝头可埋下去的孔。
keklumi 克罗米(chromium)　镀铬。
laklek 腊克(lacquer)　硝基木器清漆。
mangak 猛夹(mark)　用钢印、洋冲在金属表面标示记号。
modhak 马达(motor)　电动机。
nikgeker 镍铬儿(nickel)　镍。
'paoliksy 泡立水(polish)　虫胶液,一种木器涂料。
tebhakxiao 退拔(taper)　长形物体,一头逐渐变尖细成锥度,用于减少摩擦力。
toubhin 透平(turbine)　涡轮机。
whesy 回丝(waste)　废棉纱头。
'yinjhin 因擎/引擎(engine)　发动机,特指蒸汽机、内燃机。

2. 建筑

dhekbhekliu 'xi 特勃流西(W.C)　厕所。
hhang 行(hong)　商行,行。
jiubhage 酒排间(排 bar)　小酒店,酒吧。
laohucang 老虎(天)窗(老虎 roof)　屋顶天窗。
mosekek 马赛克(mosaic)　镶嵌砖,一般指拼铺在地面上或墙面上的小方形、六角形的小瓷块。
symentin 水门汀(cement)　水泥板。

'xiaopinmao 销品茂(shopping mall) 超大型购物餐饮娱乐中心。

3. 衣饰

belemao 贝雷帽(法语:贝雷 bérets) 流行法国的帽顶上有绒球的羊毛软帽。

bikji 哔叽(法语:beige) 全羊毛织物,适宜做套装。

fakleniong 法兰绒(flannel) 正反面都有绒毛的、质地柔软的毛织品。

fhelikdin 凡立丁(valitine) 透气、弹性好的薄毛呢。

ghakbhikdin 轧别丁(gabardine) 宽大的质地粗劣的工作布衣。

jhiakekse 茄克衫(茄克 jacket) 束腰束袖的上装。

jiaojhiso 乔其纱(法语:georgette) 一种薄形纱面料。

'kajui 卡其(布)(khaki) 一种硬、挺、耐磨、斜纹较明显的棉布。

'kepomao 开朴帽(开朴 cap) 一种有帽舌二平顶的帽子。

leka 莱卡(lycra) 有弹性的增强布料。

lesy 蕾丝(lace) 透孔的钩织花边、滚带。

lusongmao 罗宋帽(罗宋 Russion) 可以折起、又可遮住下巴的绒帽子,来自俄罗斯。

makerdenni 麦尔登呢(麦尔登 melton) 一种原产 NGO 麦尔登莫布雷的坚实光滑的粗纺毛织物。

minijhiong 迷你裙(迷你 minimum) 贴身超短裙。

nilong 尼龙(nylon) 聚酰胺纤维的总称。

'pakekdhayi 派克大衣(派克 parka) 风雪大衣。

'paliksy 派力司(palace) 用羊毛织成的平纹毛织品。

sofhini 啥味呢(cheviot) 一种羊毛制成的粗纺厚呢。

'tixuik T 恤(T-shirt) 短袖、T 字形领口汗衫。

xikfang 雪纺(法语,乔其 chiffon) 一种轻柔飘逸的绸布。

'yindeshylinbu 阴丹士林蓝布/士林蓝布(德语:阴丹士林 indanthren) 一种名牌蓝布。

'kesymi 开司米(cashmere) 羊绒毛制成的细毛线。(kiss me,吻我)。

4. 饮食

baklakkek 'ji 白腊克鸡(腊克)　全身白毛的外国引进品种肉用鸡。

bhakledhi 白兰地(brandy)　一种用水果酿成的蒸馏酒,19 世纪后期产于法国,租界时期在上海盛行。

bhaktak/bhaktek 白塔/白脱(butter)　黄油。

bijiu 啤酒(啤 beer)

'binjhilin 冰淇淋(ice cream 意译加音译)

budin 布丁(pudding)　一种西式点心,由奶油、鸡蛋、水果等制成。

caomepe 草莓攀(攀 pie)　带草莓味的馅饼。

dhetak 蛋挞/蛋塔(挞 tart)　一种用鸡蛋、奶油制成的小碟状、馅料在外的西式点心。

dhilamisu 提拉米苏(意大利语:tiramisu)　多层奶油和蛋糕交叉制成的松形西点。

'feghapesy 番茄配司(配司 paste)　一种番茄酱。

'feghasosy 番茄沙司(沙司 sause)　一种番茄酱汁。

fhizysu 味之素(日语:味の素)。

'filiniuniok 腓利牛肉(腓利 veal、vealy)　小牛的牛肉。

'gali 咖喱(泰语:kari,英语:curry)　以姜黄为主要原料做成的香辛料。

galakfen 咖辣粉(泰语:咖辣 kari)　制成粉的咖喱。

ghalenbinqilin 加仑冰淇淋(gallon ice cream)　大块装的冰淇淋。

hhofubingoe 华夫饼干(华夫 waffle)　薄脆蛋奶烘饼,表面常有凸形方格。

jhialikkek 茄力克(Garrick)　英国品牌香烟。20 世纪 20 年代的上海少年盛行"目上戴托力克(toklikkek)镜,手中携司的克(sydikkek)棒,嘴里衔茄立克香烟,谓为三克党"。

jhiushydhang 求是糖(求是 juice)　一种果汁软糖。

'juli 啫喱(jelly)　一种海藻或动物皮骨提炼制作的胶性物质。

'kafi 咖啡(coffee)

'kuku 可可(cocoa)

lusongmibao 罗宋面包(罗宋 russion)　梭子形、带咸味的面包。

lusongtang 罗宋汤(罗宋 russion)

makjhilin 麦淇淋(margarine)　人造黄油。从植物种子中提取油,通常做蛋糕。

maklisu 麦丽素(malteser)　外层巧克力,内含可可脂、麦芽糊精、奶粉等蜂窝状球体的糖类食品。

manggu 芒果(mango)

mosy 慕司(法语 mousse)　形同奶油状的西式甜点。

naxik 奶昔(milk shake)　牛奶水果巧克力口味的起泡饮料。

ninmongsy 柠檬水(柠檬 lemon)

niughakdhang 牛轧糖、鸟结糖、纽结糖(牛轧、鸟结 nouget)

'paofu 泡芙(poff)　一种松泡的西式甜点。

'pisakbin 披萨饼(披萨 pizza)　表面有各种西式菜肴的大圆饼。

'qiaokeklik 巧克力(chocolate)　以可可粉、奶油、白糖等原料制成的食品。

qiokjhibin 曲奇饼(曲奇 cookie)　家常奶油小甜饼。

'qisy 起司(cheese)　乳酪。

saklakyhou 萨拉油(萨拉 salad)　浇拌色拉的油,人工用鸡蛋和食用油捣成。

saklal 萨拉(salad)　色拉。用小块土豆、红肠丁、豌豆等加油料合成的一种西式冷菜。

'sefhenng 三文鱼(三文 salmon)　太平洋鲑鱼,常做成生鱼片。

'seminshy 三明治(sandwith)　一种夹肉食面包片。

'sodinng 沙丁鱼(沙丁 sardine)　轧沙丁鱼。

'sosydhang 沙水糖

'sudanbingoe 梳打饼干(梳打 soda)　制作时加入小苏打的咸饼干。

'sykaojhi 司考奇(scotch)　原是"苏格兰的"的意思,借代一种"苏格兰风味"的糖。

tafihang 太妃糖(太妃 toffee)　柔软的奶糖。

'tusy 吐司(toast)　夹有肉糜等的烤面包片。

'wesykek 威司克(whisky) 威士忌酒。

'xianbinjiu 香槟酒(法语:champaagne) 法国原产的含有二氧化碳的起泡沫的白葡萄酒。

xikghayi 雪茄烟(雪茄 cigsar, cigar) 由经发酵的烟草制成的烟卷。

'zyli 啫喱(jelly) 胶状果子冻。

5．交通

bhaksy 白司(bus) 巴士，公共汽车。

'cadhou 差头(charter 包租) 出租汽车，上海话20世纪40年代称"出差（租）汽车"。做一次生意，称"出一差。"这里"出差"的"差"是音译词，非后来单位工作人员到外地办理公事的"出差"。

'cote 车胎(胎 tyre) 车轮外包裹着的充气合成橡胶轮胎。

dhenlokpu 邓禄普(Dunlop) 英国John Boyd Dunlop创办的橡胶轮胎公司名，后用以借代耐磨的轮胎，比喻人脸皮厚。

fheerbhoe 凡尔盘(凡尔 valve) 汽车方向盘。

jikbhuco 吉普车(吉普 jeep) 吉普车，轻型越野汽车。

jikbhuka 吉普卡(jeep car) 吉普车。

kaco 卡车(卡 car) 运送货物的大型货车。car的转义。car原义为由蒸汽机发动的"汽车、轿车"。

kadinco 卡丁车(卡丁 karting) 小型赛车。

motokco 摩托车(摩托 motorcycle) 摩托，机器脚踏车。

6．文教

cokzy 戳子(chop) 大印章。

dhaolinzy(德语:dauling) 道林纸。

dhedhou 台头(title) 发票、支票上开列的对方名称。

ka 卡(card) 卡片。用来记录或印刷某些内容的硬纸片或通行凭证。如"交通卡""小菜卡""生词卡""房卡"。

kushen 课程(course)

midhak 米达尺(米达 metre)

'pakekgangbik 派克钢笔(派克 Parker)　美国乔治·派克(George Parker)在 19 世纪制造出的一种高质钢笔名称。

pakzybhu 拍纸簿(拍 pad)　可随撕随写的白纸小本子。

'pasyzao 派司照(派司 pass)　贴在小证件上的半寸小照片。

'pasy 派司(pass)　①出入证。②通过。

'pejhi 配琪(page)　页。

7. 医卫

amoniya 阿摩尼亚(ammonia)　氨水。

'asypiklin 阿司匹林(aspirin)　一种解热镇痛药片。

fheshylin 凡士林(vaseline)　一种油脂状的石油产品,医药上用来制油膏,工业上用做润滑剂。

fhitamin 维他命(vitamin)　维生素。音译兼意译词。

lesuer 来苏尔(lysol)　煤酚皂、杂酚皂液。

mofi 吗啡(morphine)　由鸦片制成的一种,镇痛药。早期上海话中写成"玛琲"。

'penixilin 配尼西林(Penicillin)　即"青霉素",1944 年出品,第一种应用于临床的抗生素。

'sudasy 苏打水(苏打 soda)　汽水。

'sybaomin 赐保命(spermine)　精胺,一种补药。

8. 音乐

'bhesy 倍司(bass)　低音。

'buerka 波尔卡(polka)　一种源自捷克的排成行列的双人舞。

diksyko 迪斯科(disco)　摇摆舞音乐之一种,节奏快而强烈。

fheolin 梵哑铃(violin)　小提琴。

jhiakshyyhiak 爵士乐(爵士 jazz)　发源于 19 世纪末美国的流行音乐。

makkekfong 麦克风(microphone)　话筒;播音传送器的通称。

oeguwhu 探戈舞(探戈 tangelo)　一种现代舞,速度慢,舞姿多变。

'piyano 披耶那(piano)　钢琴。

sakkeksyfong 萨克斯风(saxophone)

'waerzywhu 华尔兹舞(华尔兹 waltz) 一种国际标准交谊舞。

9. 体育

'aosyke 奥斯开(ask for time out) 体育运动或游戏中要求暂停。引申为重新来过、不算数。

balinjhiu 保龄球(保龄 bowling) 用瓶形体柱在细长型滑道上进行的运动。

bokkekxiong 博克胸(boxing) 拳击。

'dhaobheker 道勃儿(double) 加倍,连续两次,常用于加一次比赛才决输赢。

'ekghe 厄隑(again) 再来一次。

'gaoerfujhiu 高尔夫球(高尔夫 golf) 棒击飞球入穴的球类运动。

'ghaoer 搞尔(goal) 足球球门。

'ghelu 隑路(get out) 出局。

molasong 马拉松(marathon) 长距离赛跑。

ninmongshenguang 柠檬辰光(柠檬 lemon) 运动员休息时间。

'pa 派、派球(派 pass) 传球;派过来。

sydaopok 史到扑(stop) 暂停。

'tekqudbao 脱趋/脱趋包(touch ball) 打乒乓的擦边球。

'xiao 捎、捎球(捎 shoot) 篮球的投篮。

10. 娱乐

baklokmen 百乐门(Paramount) 1932 年在静安寺西北建立的大舞厅建筑,当年称之"东方第一乐府"。

danpasy 打派司(派司 pass) 打扑克。

'esy 爱司(ece) 扑克牌中的一张 A 牌名的称呼。

'gheta 隑他(guitar) 吉他。

haolewu 好莱坞(Hollywood) 美国洛杉矶的电影摄制中心。

jhiagou 茄勾(茄,J) 扑克牌中的一张 J 牌名的称呼。

jhulokbhu 俱乐部（club 的音译兼意译） 进行社会、文化、艺术、教育、娱乐等活动的团体或场所。

katong 卡通（cartoon） 虚构人物动态影像。

kattongpi 卡通片（卡通 cartoon） 动画片。

'keklangjhiu 康郎球（conler ball） 后称"康乐球"。一种小型的在四方台盘上、类似桌球的打棋子的游戏。

'kemakla 开麦拉（camera） 原称"照相机"。后在 20 世纪 30 年代借用为电影摄片场内导演口呼电影片"开拍"的用语。

laoke 老开（开，K） 扑克牌中的一张 K 牌名的称呼。

lumedikek 罗曼蒂克/浪漫（romantic） 富于诗意、浪漫、幻想的情调。

modheker 模特儿（model） 模特。

molindan 马林打（falling down） 一种从英国传来的儿童游戏。两人对站，用双手做成洪门状，其他人相随从门中穿过，两人唱"马林打，马林打，……"歌完，两人降下手臂将进洞者套住，直到套完所有或约定数量的人。这首歌实为英国有名的儿歌《London Bridge is Falling Doown》的讹唱。

mongtajhi 蒙太奇（法语：montage） 电影中用剪辑、组合方式把几个独立镜头组合一起表现一个完整的意境。

'pade 派对 ①（party）社交舞会；文娱或朋友小聚会。②（partner）舞伴。

'quoedik when 券的混（twenty-one） 21 点，一种扑克牌带赌博的游戏。

sydaopok 史到扑（stop） 一种儿童游戏。

'soha 沙蟹（show hand） 一种扑克牌赌博游戏，看最后摸到的一张牌和已有的四张牌的组合决定胜负。

'solong 沙龙（法语：salon） 法国巴黎文人、艺术家接受贵族妇女的集会客厅，后泛指上层文艺社会的小型社交集会。

11. 生活物品

bangcen 磅秤（磅 pound） 西式能称出磅的重量的秤。有时兼指一般秤台。

bheklangnin 勃朗宁（browning） 一种手枪。

bingoetin 饼干听（听 tin） 饼干罐（金属制）。

'busimao 波斯猫（波斯） 原产波斯两眼异色的猫。

cakpok 插朴（朴 plug） 电器插头。

deklikfong 德律风（telephone） 电话机。

'dhalasy 大拉斯（dollars） 钞票。有时特指美元。

falebhoe 法兰盘（fry pan） 有长手柄的、圆盘状的平底锅。

'fangban 方棚（transformer） 变电器。

'filipu 菲利普（Philip） 一种常用的电灯泡牌子。

ghesylin 隑司林（gasolin） 汽油。

ghesy 隑司（gas） 煤气。

'kabinqian 卡宾枪（carbine） 一种枪身较短,能连续射击、射程较步枪近的枪。

'kangmikxin 康蜜兴（commission） 佣金。

'kangnexin 康乃馨（carnation） 石竹花。

'kaobe 拷贝（copy） 复制副本。

'kaoji 拷机（拷 call） 寻呼机,又称"BP 机"。

'kexu 开许（cash） 现金。

'mosy 摩丝（mousse） 一种能固定发形的化妆品。

nihhongden 霓虹灯（霓虹 Neon） 一种用氖气和氩气填充在真空玻璃外壳中制成的广告或信号灯。

'pasy 派司（pass） 证件。

poklok 朴落（plug 转义） 电器插座。

saktekdhou 杀脱头（Saturday） 星期六。

'sandhou 生头（Sunday） 星期天。

selulu 赛璐璐（celluloid） 一种在高压下加热制成的坚硬、透明、可染成各种颜色的塑料。

'soda 苏打（soda） 碳酸钠。又称"小苏打"。

'sofak 沙发（sofa） 沙发椅。

'sofayi 沙发椅(沙发 sofa) 像沙发样软座的椅子。
sybiklinsu 司必灵锁(司必灵 spring) 弹簧锁。
sydaktek 司搭脱(start 缩义) 日光灯继电器(开始发光)。
sydikkek 司的克(stick) 拐杖。
sydin/niksydin 水汀/热水汀(水汀 steam) 一种老式的暖气释放器。
'tin/'tindhou 听/听头(tin) 方形或圆形的装干食品的镀锡或镀锌的铁皮制成。如"茶叶听""饼干听"。
xhikmongsy 席梦思(simmons) 内装弹簧的垫子或床。
'xianbu 香波(shampoo 的音译兼意译):用于洗头发的液体洗涤剂。

12. 性质、状态

'angse 肮三(on sale) ①大减价,廉价出售。②引申为差,令人不快、失望。③引申为不正派、近乎下流。④弄僵。
bikdiksensy 瘪的生司(petty cents) 穷,身无分文。
'buerqhiaoya 波尔乔亚(bourgeoisie) 贵族化。
dia 嗲(dear) 可爱,亲爱,娇柔、妩媚、姿态有魅力。引申为好,精彩,够味。
'dokdhinmasyke 笃定马思开(马思开 marskee) 笃笃定定,没问题。上海洋泾浜语把"Nevermind"说成"Marskee"。
'hou 吼(hurt) 怀怒欲发作。
kakwayi 卡哇伊(日语,可爱い,kawaii) 可爱。
'ku 酷(cool) 高傲,冷峻,潇洒,令人喜爱。
makkekmakkek 麦克麦克(麦克,来自洋泾浜语 mark 转义) 钱很多。
moden 摩登(modern) 时髦;现代;样式时新。
pulu 普罗(proletarian) 平民化。
shymao 时髦(smart) 时尚合乎新的潮流。
yikjik/yikjikbang 一级、一级棒(日语:一番) 最好。
'youmek 幽默(humour 的音译兼意译) 有趣、可笑而意味深长。

13. 人的称呼

akmoklin 阿木林（a moron） 乡愚,什么也不懂、易上当的人。

'aodhekme 奥特曼（out man） 落伍的人。

bhebhe 蓓蓓（baby） 婴儿。

bhokou 仆欧（boy） 服务生。

bikse 瘪三（begsir） 乞丐。

dhabe 大班（banker） 由大银行家引申为大老板、富豪。

dhahan 大亨（亨 hundred） 有钱有权有势的大人物。

'dhalin 大令（darling） 爱人。

dhefonglu 蛋疯炉（daffy low） 愚蠢低俗,混账王八。

dhexin nyuer 弹性女儿（弹性 dancing） 舞女。

'fesy 番斯（face） 脸。

'fiyhanse 飞洋伞（法语：fiancée） 未婚妻。

ghangdhu 戆大（gander） 低能者,呆头鹅,傻子。

hekqikbeden 黑漆板凳（husband） 丈夫。

hhesyme 咸水妹（handsome maiden） 为外国人服务的低等妓女。

hhongdhouakse/akse 红头阿三/阿三（阿三,a sir） 印度锡克族巡捕（警察）头上包红布,故名。警察称 a sir,如今香港仍如此称呼。

'kangbhakdhu 康白度（comprador） 买办。

kulik 苦力（coolie） 苦力。

laobe/dhabe 老板/大班（bank 转义） 企业主。

laobe 老板（板 banker 的扩义） 企业主。

laokeklak 老克拉（克拉,carat、colour、classics） 遇事在行、处世老练、有背景学识、有绅士风范的年长者。旧时珠宝店司务对 3 克拉以上的钻石翘起大拇指称"老克拉",后加以"有色彩""经典"词意,比喻有现代意识的、有西方学识和文化追求的"老白领"等。

lase 赖三（lassie 引申） 不检点少女。

lasy 拉三（lassic） 由少女、情侣引申为不正派、生活不检点的年轻女子。原词贬义化。

'miksytek 密斯脱(mister)　先生。

'misy 密斯(miss)　小姐。

'momo 嬷嬷(momo)　对天主教一种修女的称呼,头戴白色的帽子。

mozy 码子/模子(moulds)　一类人,类后缀。如:寿头~,小刁~。

namowen 拿摩温(No.1)　①第一名,最狠最厉害;②工头;③蝌蚪。

'oejhier 安琪儿(angel)　天使。

oerme 哑尔曼(old man)　老人。

'paotek 抛脱(porter)　管门人。

seklaofu 式老夫(shroff)　洋行里的跑街、外勤人员。

'wensen 瘟牲(onecent 转义)　一文不值,冤大头。

xiaoke 小开(开,kid 小孩扩义)　老板、店主的儿子。

14. 动作、人际交流

dankesy 打开水(开水,kiss 音译)　接吻。

dhang 宕(load down 的缩译)　下载。

gha 轧(get)　得到,搞到,结交,成为。如:~朋友,~勿和。

qikbik 吃瘪(cheap)　不值钱,作无力解。

15. 量词

'angsy 盎司(ounce)　黄金计量单位。1 盎司等于十六分之一磅,合 28.3495 克。

bang 磅(pound)　重量单位,一磅等于 16 盎司,合 0.4536 千克。

dan 打(dozen)　一打为 12 个。

den 吨(ton)　重量单位。

ghalin 茄仑(gallon)　加仑,容量单位。"光明牌茄仑冰淇淋",当年是包装最大的冰淇淋。

keklak 克拉　①(carat)钻石的重量单位:五~钻戒。②(colour)色彩,多彩。③漂亮。

kek 刻(quart)　四分之一。时钟一小时中走到四分之一,称"一刻"。

lin 令(rean)　一令为 100 张。

miklik 米厘(milli)　毫米。上海话仍受英语影响,两个音节都成入声,如"嘧粒"。

mo 码(mile)　英美制长度单位。1 码等于 3 英尺,合 0.9144 米。"放一码"即放你一个尺度,宽恕之意。

16. 其他

'baergou 巴儿狗(bull dog)　叭儿狗。
bhae bhae 拜哎拜哎(bye bye)　再见。
dheyhin 台型(dashing 引申)　面子,时髦。
ghokloksem 搁落三姆(gross sum)　统统,全部。
'hafuhafu 哈夫哈夫(哈夫 half)　一半对一半,利益均沾。
menke'jin 门槛精(monkey)　旧时称猴子为"活狲精",形容精明。
'o 'ke 喔开(OK)　行,好。
shaksandhouli 着生头里(suddenly)　突然。
'tendhousy 吞头势(tendency)　倾向,模样,神态,架势。
wakersy 挖儿丝(wsys 引申)　办法,窍门,噱头。
whenkeklaksy 混克拉司(克拉司 class)　混班头;做正经事时靠混。
whenqiansy 混腔势(腔势 chance)　找机会混。
'wutokbang 乌托邦(Utopia)　乌有,空想社会。
xiksydili 歇斯底里(hysteris)　癔病。
yikghek 'kesy 一个 K 司(K 司,case)　一件小事。

近年来常见错字订正

近年来群众使用上海话频繁起来,微信文章、报刊文章、马路张贴、广告宣传以至在某些"公众平台"上发布的难字写法的字表中,经常见到许多根据不足的"俗字"、自己创作的字、外方言借来的字,有的是用错误的考证方法在某本古书中找出来的字,也有历史文献上从未用过的字,总之缘由百出。其中思路最为错误的造字方法,是起源于对文字常识理解上的错误,如不了解有许多字普通话的读音与上海话读音的不同,是由于经历了长久年代后发生变化而形成,如"吃"这个字,北方话和南方话读音相异,原本文字并不相异。有的人在普通话字音的影响下,把一个普通话与上海话读音相同或相似的字,用以代替自己写不出的上海话的字。这种情况在使用(普通话)输入法去输入上海话文字时,更容易混淆。也有的人只会某字的普通话读音,就错误地认为只有这样用字读出来更能像上海话。这是目前有些青年人使用上海话在微信中写错字的最常见情形。也有的人特地这样写用以显示上海话与普通话读音的不同,但是这就把音义双关的汉字落得了用汉字当成注音符号的地位。这是目前见到的最多的属于思想方法上认识错误而形成的使用错字的现象。下面列出的常见错字,大都是这样产生的,贻害无穷。我们列举出近年来最常见的错误用字,以正字起词条,后用"√"符号指示,错误写法后用"×"符号指示。

上海人(√)　　上海宁(×)

"宁"的普通话读音与"人"的上海话字音相近,只有前后鼻音的差异,所以把"人"错用"宁"来代写"上海人"的"人"。其实上海话中的"人"保留着古代的读音"nin"。唐宋时代的中古音"日母字"声母[n̠z]音,上海话的"人",白读音(口语)读"nin[n̠in](男人)"([ ]中的是国际音标注音）；"人"的文读音（读书音）读"shen[zən]（人民）"音，而普通话的"人 rén[ɹən]"读音倒是以后发生变化了的音。汉字不是表音文字，所以"上海人"在上海话里的正确写法还应是"上海人"三个字，其说话中的字音差异仅是与普通话的读音不同而已。汉字是表示语素的文字，每个字都有一个语义固定对应。一个字在全国各地的发音不同，不能用普通话的读音与上海话相同相似的音的字来写上海话。

吃饭（✓）　切饭（×）

"吃"写成"切"，写错的原因与上例属同样情况。不能用普通话的同音字来代写上海话字。"吃"读"qik"是上海话保留的古音读法，如形声字"迄今"的"迄"，"收讫"的"讫"，还有"乞丐"的"乞"，表示庶几的"汔"，现今在普通话里还依然在读"qi"音。

脱　关脱　我脱侬（✓）　　特　关特　吾特侬（×）

"关掉电灯"上海话说"电灯关脱"；"和你一起去"上海话写"脱侬一道去"。在这两处不能用"特"，"特"在普通话中读"tè"，但在上海话中读"dhek"（"特务"的"特"）是浊辅音字，因此不能用普通话的清辅音读音来写上海话的"脱 tek"字。上海话的"脱"字用法是 19 世纪以来文献上统一已久的用字。在上海话里，"脱"读音是"tek"，不读"tok"。

味道（✓）　咪道（×）

"上海味道"误写成"上海咪道"。"咪"在上海话中读"'mi"，用于小猫"咪咪叫"的"咪"。"味道""滋味""味之素"的"味"在上海话口语中读音一直保留古音"mi"音，上海话和其他吴语中一些古声母为"明母"和"微母"的字，白读都是"m"声母，文读（读书音）读"w"音，如："味（道）""网（袋）""（看）望""忘（记）""妄（想）""尾（巴）""问（题）""闻（香味）""物（事）""（晚）稻""晚（娘）""（关）亡""（一）万"

"微微(小)"等。

物事(✓)　　么事(✗)

有些普通话读音开头为 w 的,在上海话中保留古音读声母 m,读 m 开头如"味道"的"味","忘记"的"忘","网络"的"网","物事"的"物"。"么"是个虚字,不能因同音而充当实词名词用。

里向　屋里向(✓)　　里厢　窝里厢(✗)

上海话中,和"外头"相对的词是"里向",它们都是表示方向位置的词,称作"方位词"。"里向"前面加上一个名词,可以表示各种房舍、设施、器具的"里面"的位置,如"屋里向""房间里向""抽屉里向";天地、山水、人体等都有"里面"的方位,如"夜里向""花园里向""池塘里向""脑子里向""肚皮里向",都是"中、内"的方位,这个表示"方位"的语义,与"厢房"(名词)的"厢"语义离得太远了。所以"里向"不能写成"里厢","屋里向"不能写成"屋里厢","心里向"更不能写成"心里厢"。

汉字都是形音义三结合的。从字义上看,"厢"的词义是两边的房子,如"东厢(房)""西厢(房)",指的是东西两旁的住房。"厢"还有个引申义,是"旁边"的意思,如梅兰芳《生死恨》一段唱词中有"耳边厢又听得初更鼓响"一句,这里说的是"耳旁边"的意思,不是"耳朵里向"。而"里向"是往里去的方向,所以如把"向"写成"厢"在语义上是错误的。

再从字音上看,旧上海话,今老派苏州话、老派嘉定话,还有评弹、沪剧里,都是分尖团音的(可以去听评弹、沪剧唱片)。所谓"分尖团"是指原来有一批字(古归"精组声母"字)读"尖音",即"z、c、s"可与"i、yu"拼读。如:"厢相想"等读 sian 音,这是"尖音"字,而另一批字(古"见组声母"字)声母是读"j、q、x"的,如"香乡向"等字是读 xian 音的。但是现在 90 岁以下的上海城区人都和浙江地区的人一样不分尖团音了,苏州 40 岁以下的人尖音也归团了。"厢"与"向"都读"xian",

在读音上已经不能区分，所以会发生写错现象。如果你是苏州、嘉定老年人，听评弹的人，一听就能知道把"里向"说成"里厢"是错了。我们吴语区有一大批生活常用词是相同的，用字就要考虑到大范围内一致，所以要应用偏老读音的、历史上的通用字，否则你改用了语音变得快的地方的新字代写，那连在上海范围内的嘉定、宝山、青浦等地也通不过。

从语源来看，有人认为"里向"可能是古代的"里许"音变而来，我们姑且留此一说。但对于常用的虚词（封闭类词，包括后置介词中的方位词），有些词各地在读音上差异很大，对于音差较大的词，直接用当地音的字来书写是必要的，如上海话第二人称单数写作"侬"，而不去考本字写作"汝"或"尔"。

还有的人把"屋里向"写成"窝里厢"，把自己的家说成"窝"，有点好笑。上海话中，并没有"窝"这个词，"窝心"也应该写成"熝心"。普通话说的"窝"，上海话是说"窠 'ku"的，如"鸟窠""鸡窠""狗窠"。与动物不同，人是住在"屋"里的。之所以会写成"窝"，可能他们把汉字当成了"表音文字"。有些年轻人，上海话的"屋 ok"（入声字，注音中 k 表示短促的韵尾）因受普通话音影响读成了"uo"，他就把"屋"写成了普通话的"窝"。

辣个（✓）　　**格个　箇个**（×）

普通话的"这个"，为什么上海话不写作"格个"和"箇个"？我们分析过，方言中，对于那些虚词，要用本方言中的同音字来写。上海话中表示"近指"和"定指（对说话双方都已知的事，或前边已提到或熟悉的事）"的"辣个"，不能写成"格个"，因为"格"的声母是清声母"g"，韵母是"ak"，上海话的"辣个"的"辣"声母是浊声母"gh"，韵母是"ek"，所以读音完全不同。在从前，有些戏曲的唱词上是有写成"格个"的，甚至写成"格格"，那是上海在开埠后，"苏州评弹""苏州滩簧"等先进入上海，他们的唱词单上是写"格"的，开始在上海唱"独脚戏""滑稽戏"的演员有大量是苏州人，因此说的时候及他们印的说明书对上海话的用字也发生过一定的影响。然而，当今苏州话由于语音的变化，苏州的语言学家也不用"格 gak"字,而用"葛 gek""挌 ghek"了。我们上海话完全应该按照现代的上海话实际语音,写作"挌个 ghekghek"。关于"ghek"这个音,上海话里的同音字只有"挌""个""箇"三个字,它的本义是从"个(個)"字义来的,但如指示词"挌个"写成"个个",这个常用词就会与"个个都是好汉"的"个个"发生语意冲突。传教士记录上海话时用过"个(個)"的异体字"箇",有的书写成"箇个",但是由于在如今正式发布的异体字整理表中,已将"箇"作为"个"的异体字取消,如果把这个异体字用上,一则大家比较陌生,二则出版物凡需印刷时会自动取消转成"个",或变成空档,这是一个常用字,校对起来要把"个个"改为"箇个",十分繁琐或要造字。再考虑到在1928年赵元任先生的《现代吴语的研究》中就用过"挌",所以我们把这个词定为"挌个"。现代汉语方言大词典·分卷《苏州方言词典》中"定指"也写成"挌 ghek"。"挌"在上海话中的实词语义是"双手合抱"和"手臂用力夹住(不让东西掉下来)"的意思。

我个　侬个　漂亮个(√)　　我额　侬额　漂亮额(×)

这个"个"字也不写作"格""咯""嗰""亇"。

"我个",即普通话的"我的",如"我的书带来了"上海话说"我个书带来了"。"他因胆小吓不得的"上海话说"伊胆子小咾吓勿起个"。这两个句子里的"的",上海话都应写成"个"。

"个"这个词从新派上海话中逐渐失落声母虚化读成"hhek"后,现在因与普通话"额"的语音相似,有些年轻人把"个"写成了"额",有时在报纸大标题上、电视台的布景上都会出现这个错字。对于方言中的虚词,必须要用本方言中的同音字(而不是用别的方言或普通话同音词)来写,而上海话中的"额角头"的"额"读"ngak",所以这样写法是错误的。

"格"字,在上海话中读清辅音"gak"的,而上海话读"个 ghek"是浊辅音开头(h 为浊音,k 为入声),如"侬个 nongghek/nonghhek"。

量词"个"在吴语中衍变为指示词"个"和结构助词"个"("的"),

"辩个"和"我个"中的"个"也是同一个音和字。再虚化为语气助词"个",是方言学家经研究后早有共识和定论的,"个"是个"本字"。

"咯"有"lo"和"go"两个非入声音,作为句尾语气助词的写法在上海话书写史上没有过,"个"应是入声短促音,故也不妥。"嗰"是一个僻字,在一般印刷物上不能印出。又由于口字旁的字一般用于语气词或叹词,何况"个"是个本字,不必再选个早已不用的异体"嗰"字徒增印刷和认识上的麻烦。"的"是个最常见字,完全不必造成一篇文章上满目的僻字。

勿　勿要(✓)　　弗　伐要(×)

吴语的一个重要特征是:否定副词"不"用齿唇音发音。"勿"和"弗"词义都是"不"。反切是古代的注音方法,前字用其声母,后字用其韵母和声调,拼出字的读音。"弗"的反切是"分勿切","分"的声母是清辅音[f],普通话读 fú;"勿"的反切是"文弗切","文"的声母是浊辅音[v],普通话读 wù。该字的上海话声母发音是浊辅音 fh[v],因此上海话应该写"勿"。有人说"勿"有"不要"的释义,"不要"那是普通话词典中"勿"的词义。不过,清末民初之文,"弗"也有"不要"的语义,如"万弗扰乱治安"。有人说"请勿入内"中的"勿"有"不要"的意思。其实那是一个在上海早已形成的、受四字结构限制的成语,"请勿要入内",五个字中只可省"要"字。上海话和大部分浙江吴语"不"都读齿唇浊辅音,都用"勿"。"勿要""勿会"的合音字用"覅""朆"。现代汉语方言大词典·分卷《苏州方言词典》中也写作"勿"。

另外"勿"与"哎"是有区别的,"勿"是入声字,是"不"的意思;"哎"是舒声字,与普通话"吗"和"吧"两个语义相对应,是用在句尾的语气助词。"勿要"不能写成"哎要""伐要"。

呒没　呒(✓)　　没(×)

上海话中表示"没有"的意思,说"呒没 m mek","呒没"的用法甚至扩大到表示"no"。吴语中有辅音自成一个音节的现象,如"m(姆)、

ng(五)"。但现今见到有些年轻人写的上海话文章中表示"呒没"只写一个"没"字,那是不对的。上海话的词语中还有单独用"呒"的,如"呒清头、呒天呒地、呒要呒紧、呒爷呒娘管教"。这种用法省的是"没",犹如"请勿要入内"省了一个"要"成为"请勿入内"。

做啥(√)　　组撒(×)

"做啥"是"做什么"的意思。但是有些人为了执意用普通话中和上海话同音的字来写上海话,把"做啥、做人、做生活"的"做 zu"硬写成了普通话中的 u 韵字"组","啥"也是宁可取消了汉字的表义性,去用平舌音 s 去打字。同样的错法,还有将"做人"写成"组宁"。一个字的字音,因为时代的变迁,普通话和方言会有不同的读音,否则就没有各地不同的方言了。不能把普通话的读音的字用方言与它相同音的字去相配。汉字每个字的基本语义是不变的。因此,"做戏、做梦、做生活、做啥"的"做"是不变的,不能改成与"做"语义不同的"组"字;"啥"字在普通话里也有,词义也与上海话中相同,为什么要换成"撒"字呢?

拨(√)　　畀　巴(×)

普通话的"给",上海话读"拨 bek",其字是明末以来吴语和上海话文字中的一贯写法。像这样一类一惯性的古已用之的字,如"咾、末"等,我们应该一如既往用旧字。上海话、苏州话的"拨(给)"是入声字。有人搬用了广东话的"畀",声韵调都不合。也不能写成非入声字"巴"。上海话的"拨"除了可用来表示"给予"的意思,还有表示"被动"的"被"的意义,如:"一块玻璃拨伊敲碎脱了。"

葛是　葛末　葛咾(√)　　格是　格末　格佬(×)

上海话对应普通话"的""地"的"个",在 20 世纪 40 年代时,还是与今苏州、松江方言地区一样读清辅音"gek"的,50 年代以后读成浊辅音"ghek"了。但是"个"做连词用在句子开头时,因为至今仍保持"gek"的语音未变,所以我们写成"葛 gek"。语义上仍是从指示词语义转来的"那","葛是"即"那是",如:"葛是我理解错个。"这个发音和用法还保留在"葛末(那么)"和"葛咾"(因此,"咾"为"因","葛"为"此",倒置是旧吴语语序)关联连词中,也是古清辅音的,如:"侬勿欢迎我来,葛末我勿来了。""侬勿听我个话,葛咾要犯错误。""葛(那)"也有单用的(其实这个"葛"也是定指词),如:"既然侬钞票够了,葛我勿拨侬了。"这里的"葛",都与上述的"我个"的"个"一样,不要写成"格 kak"。

介(✓)　噶　嘎(×)

表示程度(不是方式)的指示词"介",读音是白读音"'ga",是中性的"这么"或"那么"的意思,在前面修饰形容词。如:"侬来得介早!""事体介便当就做好了。""有介许多工作要做。"有时也能表示结构助词"地":"侬慢慢介走。"从这里可见吴语中保留古汉语中的"介",是"个"的早期形式。不能写成"噶"或"嘎"。

我　侬　伊(✓)　吾　儂　佢(×)

第一人称单数代词"我 ngu",不能写成"吾",因为上海话中的第一人称是上声声调,所以要写上声字的"我",不能写阳平声调字"吾"。第二人称单数代词是"侬 nong",不是苏州话的"儂 ne"。上海话第三人称代词是"伊 yhi",不必写成生僻字"佢",上海城区"伊"读音是浊声母"yhi",而上海嘉定、宝山方言"伊"读作清声母"'yi"。我们看到"伊"在上海地区从清声母转变到浊声母的轨迹,故不必写成两个字。

焐心(✓)　窝心(×)

心中感到舒服愉快、称心满意,称为"焐心"或写作"捂心","焐、捂"两字相通。"焐"更接近用热的东西接触凉的东西使之变暖的意思,如"焐脚""焐酥豆"。上海话中原不用"窝"这个词的,普通话的"鸟窝"吴语中称"鸟窠'ku"。且"窝心"的语义也不对。

写意(✓)　　**惬意**(×)

形容词作舒服、称心、愉快解的"xiayi",应写作"写意","惬"的普通话读音为"qiè",古音为苦协切,与上海话"写xia"的声韵调都不合。过去的上海话书中从未见用过"惬"字而多见"写"字。

促掐(✓)　　**错刻　粗克　早出**(×)

形容词"促掐"有"刁钻刻薄、挖空心思刁难捉弄"和"棘手(㬟桩事体蛮促掐辣海)"两个意思,早在"元曲"和明朝小说《水浒》中已见此词此字。如元武汉臣《生金阁》第三折:"我打你个促掐的弟子孩儿,酾这么滚汤般热酒来烫我,把我的嘴唇都烫起料酱泡来。"明《水浒传》第四十一回:"又做这等断命促掐的事,于你无干,何故定要害他?""促掐cokkak",两个字都是入声字,语义为"用指甲按"的"掐",上海话读"kak",现今在网上常见的错字是用普通话同音近音字写的。"错"不是入声字,"刻、克"音为"kek",新派上海话"ak、ek"两个韵母合并了,有些人"o、u"两韵也合并了,所以会写出"粗、克"等错字。从老派的读音中能查出对应的正字,《水浒》中的用字是对的。"早出"两字是过去民间随便写的"俗字",也不是正确的写法。

殟塞(✓)　　**挖杀　挖煞**(×)

语义为郁闷、烦闷的意思,"殟"本义是心闷、不舒服、不痛快,如:"㬟两天心里向殟来!"殟,本字见于宋代韵书《广韵》入声没韵,乌没切:殟,心闷。令人难受的天气也说"殟塞天气"。"殟塞"读音为"weksek",而"挖杀、挖煞"读音为"waksak",两字韵母都不对。

闹猛(✓)　　**闹忙**(×)

"闹"是热闹的意思,"猛"有人密的意思,这里没有"忙碌"的意思。这个词应读"naoman",而"忙"的读音是"mang"。新派语音"an、ang"两韵合并了,也是写错这个字的一个原因。

隑(✓)　　**戤**(×)

靠在沙发上的"靠",上海话说"隑ghe","隑"有两个意思,一个是

159

古音上声,是"站立"的意思;一是古音去声,"倚靠"的意思。在浙江的一些方言里,这两个语义分得比较清楚,上海话中释义"靠"常用,如:"扫帚隑辣壁角浪。""伊隑辣沙发浪。"而"侬旁边隑隑!"就是你就在旁边站站的意思。"隑"与普通话的"靠"语义还是有些不同。上海话的"隑",是完全靠上去靠着实的。"船靠岸""伊靠墙壁走"不能说成"船隑岸""伊隑墙壁走"。原来上海话的"靠"是表示"沿着""挨近"的,不是"隑住"的,而普通话两者语义都用"靠",对吴语也有点影响。

汏浴(√) **汰浴**(×)

"汏浴""汏手"的"汏 dha",是"洗"的意思,吴语中过去不用"洗 xi",一个原因是因为"洗"与"死 xi"同音。"淘汰"的"汰",上海话读"ta",用在这里是错的。

潡潡渧(√) **嗒嗒滴**(×)

雨水、汗水或眼泪水"潡潡渧 dakdakdi"不能写成"嗒嗒滴",因为"嗒嗒"是嘴舐的意思,如"嗒点老酒"。"滴",普通话读"di",上海话是读"dik"的,语音不合。"渧 di"是液体滴下的意思,不能用入声字"滴 dik"。

额角头(√) **额骨头**(×)

"额头",上海话说"额角头 ngakgokdhou",而不读"ngakguekdhou"。把"角"写成"骨",是把"骨"读成"gok"或"guok",受普通话读音影响而造成的。

退招势(√) **坍招势**(×)

"退"是去声字,上海话读"te","退招势"的上海话连读变调读音是"tezaosy",声调模式为"33 + 55 + 21",其词义包含上海话"坍台´tedhe"的意思。但是"坍´te"是阴平声调字,"坍招势´tezaosy"的声调模式应为"55 + 33 + 21",语音声调不合。所以用"坍"是不对的,从词义方面看,也是从"退掉油水"引申而来的意思。

淘浆糊(✓)　　捣糨糊　掏浆糊　淘江湖(×)

"淘浆糊"有"掏浆糊、捣糨糊、淘江湖"几种错误写法。"淘",音"dhao 桃",声母是浊辅音,在上海话里的动作就像"淘米""淘汤"那样,将液体加入搅和,普通话读"táo",过去人们常有把面粉加入水用"淘"的方法自己制作浆糊的。不是"掏","掏"是"挖",是"伸进物体的口把东西弄出来"的动作,如"掏鸟窝""掏钱",普通话读"tāo",上海话中一般不用此词。"捣"字,上海话读"dao",和"到"同音,清声母,在上海话中只用于"捣蛋(借端生事)""捣乱(扰乱破坏)",语义是"用棍子一端撞击"和"扰乱";普通话"捣"读"dǎo",上声字,也许与上海话的"淘"声调相近,因此常常有人将"淘浆糊"写成"捣糨糊",成为报刊上最多见的错词。"浆糊"的"浆",音"'jian 姜",是阴平声调词。上海话里"浆糊"的连读调是"55+31","浆"字的语义"较浓的液体"也与之相合,过去在上海话里一直是写成"浆糊"的,"淘浆糊"的连读调是"33+55+31"。而"糨"是去声字,在上海话中如写"糨糊"就要读成"33+44"(前低后高)的连读调,在语音上显然不合,所以要写成"淘浆糊"。至于"江湖"的"江",上海话读音"'gang 刚",所以更不可能是"淘江湖"了。

此惯用语在1935年汪仲贤写的《上海俗语图说》的"一塌糊涂"篇中已见用到,形容当年的会计公会对付清查"盈千累万"的"糊涂账",像"淘""浆糊竹罐"。"淘浆糊"是一个语义概括力超强的惯用语,从字面上来看,像有一个人拿了一根棍子在一个浆糊罐里把黏稠的浆糊淘呀淘的。"淘浆糊"在20世纪70年代重新广泛使用起来,凡做事说话不认真无原则、圆滑、敷衍塞责、滥竽充数、浑水摸鱼、蒙混过关、和稀泥、打圆场等都是淘浆糊,语义多多,总的概括是个"混"。

茄山河(✓)　　嘎讪胡　嘎三胡　噶三壶(×)

"茄gha"是"闲聊"的意思,由于没有本字,是用一个同音字代写

161

的。"番茄"的"茄",上海话"gha"这个音节,只有两个字:"茄""伽"。"伽"是翻译用字,所以只有一个"茄"字,长期以来一直用来代写这个读音而写不出的字,如:"茄门(不起劲,没兴趣)""茄脱(消解)(拖拉、磨蹭)""茄搭搭(兴致不高)""老茄茄(逞强,卖老,小孩言行像成熟大人)""茄克衫(jacket)"等(见于《简明吴方言词典》《上海话大词典》等)。锯木头,上海话说"解 ga 木头"也可说"gha 木头",但不见有人写"解山河"的,因语义(锯开)不合,和音又要搞错。上海话中还有一个等义词"谈山海经",北京话有"侃大山",谈的都是海阔天空、山湖河海中的事。有人为说书、唱滑稽或在故事会上编故事,说近代上海城里有胡雪岩等三位姓胡的名人在一起阔谈,结果造了一个典故为"茄 gha 三胡"。这种说法根本不合汉语语法,"三胡在谈说",是"主语+谓语"的结构,不等于"谈说三胡",是"动词+宾语"结构,主语宾语颠倒了,意思怎么对?何况在早于近代的松江话中有"茄河"这个旧词用到如今。有人说上海郊区话"拉胡琴"是说"茄胡琴"的,但旧松江话和旧上海话中"拉胡琴"都不说"茄"的,从来是说"扯"的:"扯琴",而且只有"二胡、三弦",哪有"三胡"这个乐器的?还有人写成"嘎讪胡",用"搭讪(头)"的"讪",语义也不通,因为"搭讪"是为了跟生人接近或为了敷衍尴尬场面而找话说的意思,不是互相之间一起闲聊的意思。

至于"嘎""噶"两字,都是口字旁的拟声词类的虚词,不是动词。一个主要动词怎么会用代替声音的虚词来充当呢?"嘎"是一个象声词,表示鸭子叫的声音"嘎、嘎、嘎",50 年代有只歌:"小鸭子对着我嘎嘎嘎地叫,再见吧小鸭子我要上学了。""嘎"还形容京剧的一种拔高的高音;此外在北方方言中,用"嘎子"称谓调皮孩子,吴语方言里无此用法。"嘎"字是急促的入声字"gak",与"茄山河"的闲聊的实义和字的声韵调完全不同。人说话的声音与鸭子和鸟的叫声也完全不同。"噶"也是一个象声的用于译音的字,这个字不能作动词用。上海最早出版的吴语词典《简明吴方言词典》(1986)所收词条也是"茄山河"。

老鬼　小鬼(头)(√)　　老举　小举(头)　小巨(头)(×)
上海话中称一个人资格老、经验丰富、精明为"老鬼 ju","鬼 ju"的发音如"举",但不能写成"老举"。同样,"小鬼 ju 头"也不能写"小举头"或"小巨头"。上海话在这个方面与普通话有一套发音的对应规律可循:凡是普通话中的韵母"ui"的,同时声母读"g、(gh)、k、h、w"的字,上海话白读都读成"yu"和"j、jh、q、x、yu",如"鬼 gui—ju""贵 gui—ju""亏(得)kui—'qu""跪 gui—jhu""归 gui—'ju""柜(台)gui—jhu""围(巾)wei—yhu""圩 wei—yhu""喂(饭)wei—yhu""(钟)馗 gui—jhu""鳜(鱼)gui—ju"。

讲戆(✓) 刚港(×)

年轻人有一个糊弄不太懂上海话人的顺口溜:"伊刚伊刚伊刚。"说的近、同音词一时会使人摸不到头脑,其实出句者,在这句话中混淆了上海话发音中的清音和浊音以及声调差别。"讲"字普通话音为"jiang",上海话口语是"gang",文读音是"jian";"刚"字的上海话口语也如上海话的"讲"白读,但上海话的"刚"字实际是读阴平声调"'kang",与"讲"音(阴去声调)在声调上是不同的。这句话原词应是:"伊讲伊戆伊讲。""伊"即"他",前面的"伊刚"即是"他讲",最后两字"伊刚"是上海话在句尾有时用的一个虚化的可有可无的插入语,用了则在收尾时有时带点惊讶味。上海话这样的插入语还有放在句中的"就是讲"等。中间的"伊刚"两字是"伊戆",是"他傻"的意思,不过"戆 ghang"是个浊声母字,与清声母字"刚讲"声母不同,夹在中间说得快点听不出来。这儿三个"伊刚"就是混在一起在"混腔势"了。

来三(✓) 来赛 蓝衫(×)

来三,即"来事"是"行、能干"和"可行"的意思。上海话中有一些以"三"为类后缀的词,数量不少,如"来三""肮三""瘪三""老鬼三""红头阿三""牛三""赖三""弹老三","来三"可能由"来事"读虚而来。至于"来赛"的"赛"是比赛的意思,是个实词,而这个表示"行"的形容词,并无"来竞赛"的实义。至于有些人在说书中,在讲故事时,为了生动有趣,把口口相传的方言口语中流传的词语任意编成故事,或硬找古代书上共同语中的"出典",牵强附会,如把"来三"胡扯到古代读书人秀才穿的蓝色衣服等事上去,那更是无稽之谈了。说大书、故事会中常见的东西不能任意正式引入语言学中来。

蟿蚚(✓)　　**赚绩　才即**(×)

蟋蟀在上海话中语音是"shejik",自古以来有的书上对这个小动物有不同写法,"赚绩"是读音较正确的比较好的俗字。古代一些书刊上,对吴语中有些词语有几种不同的写法,直到近代在上海产生的大量文学作品中也能见到不同的写法。其写作者并非是语言文字专家,因在共同语用字中并无参照,也不一定去查过有关辞书,与现今写吴语作品的作者一样,写错字在所难免,不要以为他们文章里写的字就是可靠的,就是考证的依据。甚至像《吴下方言考》这样的书著中,由于作者的学识有异,也会写同音错字,这是我们在考证方言文字时须十分谨慎的,不能好不容易找到古书中的方言词,就如获至宝以为是正确的用字。因此我们要在权威的古代辞书里考证出本字,这才是正确的原则。对于实在考不出字,我们当然可以一起坐下来讨论或研究在过去的小说、笔记中用得较为广泛的俗字,提出作为方言学、文字学专家推荐使用的字,绝不能随心所欲地乱造字。像"蟿蚚"这样的词在《广韵》《玉篇》辞书中已有,应该以此为据。各地都有俗字,但各地的方言学者坐下来商讨,一定是辞书中的与各地读音对应一致的本字取胜。

垃拉　辣辣　辣海(✓)　　**勒勒　了了　了海**(×)

普通话的"在",与上海话相对应的是"垃拉"或"辣辣"。"辣"来源于"在","在"的声母在吴语中较早就发生了音变,途径是"dshe(在) > she(在) > le(来) > lek(垃) > lak(辣)"。过去如传教士等所记的上海话中,一直写成"垃拉"。"垃"字来自"垃圾"的"垃",当年"垃圾"读音是"leksek",当年实际发音(今还存在于上海郊区的旧上海话地带)"垃拉"读为"lekla"(后字"拉"为舒声音)。但是赵元任在1927年调查上海市内方言时已记"辣辣"两字,读音与现今老派上海话的语音一样。赵元任先生在他的方言学开山之作《现代吴语的研究》

一书中对这类方言虚词中的各地读音细微差异的区别用字是非常精细的,所以我们方言学界把赵先生启用的"辣辣 laklak"两字来作为正宗记录的字。20世纪30年代出版的《大戏考》中记录沪剧唱词中也见如此使用。当然也有记"拉"和"腊"的,但不见平时有人用。有的人认为"辣"字颇为刺目,不如用"勒勒 leklek"代之,这可能是一个习惯感觉问题。"勒"字是"勒索""勒杀吊死"的"勒",动作味也很浓。苏州话的"勒浪 leklang"与"辣海 lakhe"音不同,赵先生是用"勒"与"辣"区分好几个不同地点的读音的。现在新派的上海话"ak"和"ek"两个韵母已经合并,"辣辣"和"勒勒"趋于同音,然我们还是认为以区分为宜,因上海城区外还有不少郊区两者仍分。还有一个原因是,"勒 lek"与"了 lek"同音,有的人干脆就把"勒勒"写成"了了"。上海话中有用"了"的地方的,如:"我饭吃了。""伊吃脱了两只。"("了"已取代了旧上海话的"哉"和"仔")过去有人将此两个地方的"了"写成"勒",实已无必要了。另有一处,上海话中表示补语的标志"得"可以说为"了(勒)",如:"侬凳子揩了 lek 老清爽个。"早年用"来",后来用合璧词"得来"或合音词("来"的声母合上"得"的韵母)"了(勒)lek",与"侬坐辣 lak 凳子浪向"的"辣"是介词"在"是不同的。为了区分,似还是让"辣""勒"分开为好。有人提出"辣辣"用"垃垃"来写,这可能是一个创造,只是你要改变"垃"的读音("垃"字原读 lek,今读是 la)为"lak"了。

隑牌头(✓)　　**戤排头**(×)

"隑牌头"是依仗靠山的意思。"牌"常常有人写作"排",其实从原意上来看,应该是"牌"。普通话中有些词的后缀用"子"的,上海话中用"头",如"鼻子""篮子""搭子"叫"鼻头""篮头""搭头","牌子"原来也叫"牌头"。这里的"牌头"指的是营商招牌。过去做生意,有的实力小的商号为了生存,要去找势力大的靠山,才足以生存,要靠上去的往往是金字牌子硬靠山,这就是"隑牌头"。"啃老族"就是隑老子的牌头。"戤"是过去常见的俗字,且为许多人不识,还是应用本字"隑"。

囡儿（√）　　囡五（×）

女儿,上海乡下称为"囡",上海城内称为"囡儿","儿"语音是"ng",与"五"音同,于是有人去写为"囡五"。其实"囡"后的音是个还未化上去的"儿化音",与苏州话的"小娘儿"的"儿"一样,儿化词往往有小称或可爱的特征。吴语中的"儿化",音是"ng",不读"er"。上海郊区部分地方方言、宁波话中还保留较老的音,"儿子"读为"ngzy",而上海话里已进一步读"nizy","囡儿"的"儿"还在读"ng"阶段,粘上去较早。

奉帮裁缝（√）　　红帮裁缝（×）

民国年代在上海,来自浙江奉化的专做西服、上等毛料衣装的裁缝帮,声名卓著。因为在旧上海话中,中古音通摄非组字许多字清声母读h,如"风、丰、捧"读"hong","福"读"hok";浊声母都读hh,"冯、缝、奉"读"hhong","服"读"hhok",所以"奉"与"红"同音。后来声母都读为"f""fh"了,但专用名词一时改音滞后,保留旧音,后来就有人把"奉帮裁缝"误写作"红帮裁缝"了。

撬边（√）　　缲边　翘边（×）

做托,在做生意者的旁边帮腔助阵,敲边鼓,怂恿买者购物的行为,叫"撬边"。"缲边",是把布边往里头卷进去,不露针脚缝上的缝衣工作。"翘"是一端向上高起的意思,显然都不是"撬边"的语义。

拿伊做脱（√）　　乃伊组特（×）

除了"伊"以外,其他三个字都是错的。"乃、组"用了普通话与上海话同音的字替写的,"乃"在上海话中是"现在、这下、于是"三个词义,没有"把"的语义;"特"在上海话中是浊辅音字,读"dhek"。上海话中的"拿"有"'ne、no、'nao"三个音,有作"把"解的介词用法。"拿伊做脱"就是"把他干掉"的意思。

屏　錒（√）　摒（×）

作"用力顶住坚持不放""抑住拖延"解"bin"，应用"屏"或"錒"，而"摒"只有"排除"义。

囥（√）　阆（×）

把东西藏起来的，本字是"囥"，不能写作"阆"。

小八腊子（√）　小巴拉子（×）

江淮官话里，有随意称呼小孩时常叫"小八子、小三子、小癞子"的，"八 bak""腊 lak"两字都是入声字，不能写作"巴 bo""拉 la"。同理，"老里八早"不能写作"老里巴早"。

懊闷痛（√）　澳门痛（×）

"懊闷痛"是后悔而内疚心疼的意思。如："老张大话讲了忒多了，答应了人家，现在静下来想想觉着懊闷痛了。"表示很"胸闷"，很"懊悔"，很"心疼"。

一桩（√）　一张（×）

一件事情、一个生意，上海话的量词说"一桩 zang"。错写为"一张 zan"的原因之一是新派上海话韵母"an ang"合并成"ang"一个了。

不过（√）　必过（×）

副词"不过 bekgu"又说"bikgu"，但是不必写成"必过"。上海话中有少数字韵母"ik"和"ek"可以两读。这些词如："鼻 bik/bek 头""特 dhek/dhik 为""叠 dhek/dhik 被头""迭 dhik/dhek 个"（所以不写只有一个读法的"迪 dik 个"）、"白相 bhekxian/bhikxian（bhek 是"白 bhak"的文读音）。无锡话里"一个"也有"yikgek"和"ekgek（偏旧）"两个读法。

也（√）　　啊（×）

　　副词"也"，上海话保持古音读"hha"，有的人把它写成"啊"或"嚯"，都是没必要的。复旦大学章培恒老师过去教我们读古文时，将"……者，……也"的"也"都读成"啊"音。

侪（√）　　才（×）

　　"侪"，在上海话中的语义就是普通话"都"，如："阿拉侪是上海人。""侪"和"才"在上海话中的读音均为"she"，都是副词。上海话交际口语中没有"才"这个虚词，只是在读普通话书面语每个词照本宣读时才读"才"字。"侪"字沿用于传教士的上海话著作。而"才"在普通话中的意思在上海话里是这么说的：①"你怎么才来就要走？""大风到晚上才停。"上海话用"刚刚"；②"只有依靠大家，才能做好这件事。"上海话用"再"；③"这个厂开办时才30个工人。"上海话用"只有"。④"别人干一天，他三天才干完。"上海话用"刚刚"。⑤"我才不信呢！"上海话用"真也"。⑥"小麦长得才好呢！"上海话用"真……啊！"或"(舋个)真叫……啊！"

忒（√）　　特（×）

　　上海话中，"太好""太辛苦"的"太"，应写作"忒 tek"，是个入声字，不写作"太 ta"，也不能写成"特 dhek"。"特别""特务"的"特"，上海话读音是浊声母的"dhek"；而"忒好"的"忒"，读清声母的"tek"，"忒"的字义也与"太"相同。

脱（√）　　忒　特（×）

　　表示动作结果的"tek"，应该是"脱"，如"苹果吃脱""生活做脱""杯子敲坏脱"，不能用"忒"或"特"来替代。

开心来死（√）　　开心来兮（×）

　　"戆兮兮"中的"兮兮 xixi"，表示有那么点儿的意思，是团音字，所以可这样写。但表示程度很高级的"来死 lexi",不能写作"来兮",因为这里的"死"过去是读尖音的,如果你认为"来死"写法不太雅,有人则写"来西"。世界上有许多语言,表示程度最高的副词,除了用最好的词虚化,还会用最坏的词来虚化表示,大家用它来表示最激烈的情绪,形容得煞根过瘾。如:"好得来一塌糊涂!""邪气""瞎""老""蛮""恶""要死要命"。还有如普通话里的"非常""很(狠)""极""挺""蛮"皆是。"来死"是"来要死"简化而来的定型词化结构;"恨来死",就是"恨得来要死"的缩简用法。

咾(√)　老 佬(×)

表示因果关系的原因句助词(我生病咾勿去上课了),和表示连贯关系连接助词(我事体做好咾出去白相)"咾",上海话里过去一贯写为"咾",不要写成"佬""老"。

噢(√)　哦(×)

表示提醒、警告或告知的语气,如:"勿好出去噢。""当心点噢!"表示叮嘱、劝听商量的语气,如:"洋伞带好,噢。""帮帮我忙噢!"表示礼貌、真心诚意的语气,如:"谢谢侬噢。"都用"噢",不用"哦"。

喔唷(√)　哎哟　哦呦　噢哟(×)

表示惊讶、感叹、赞叹等的感叹词应写"喔唷",不用"哎哟""哎哟"(语音都不对)。

附:报刊、广告、微信中常见的错字

除了上面特别排出的错字者外,在上海话报刊、广告、微信中,还有不少如今常见的误用普通话音与上海话音相似的字来代写上海话的错字,搜集一些主要的错例于下(正字在前,错字在后面的括号里):

昨日(昨捏);辪日(咯捏);睏觉(困高);拆尿、射尿(撒尿);过去(古起);死人(希宁);病人(病宁);大(度);惹(萨);日脚(热节);肮三(昂三);吓人(哈人);众牲(宗桑);去做(起组);屈死(缺西);老魁(老亏);摆魁(摆亏);茄门(嘎门);罪过(残古/才古/残过/赚过);惹气(柴气);触气(戳气、错气、龊气);穿崩(穿帮);寻死(寻西);腻心(腻腥);怕死(怕西);掼倒(拐倒);吃力(切力);麻烦(磨烦);自家(自噶);里向(里乡);瞌眬(嗑惚);瞎嗲(哈嗲);哪能(奈能);横对(枉诞)等。

上只角(上之角);讲出来(港册来);昏过去(昏古七);轧一脚(嘎一脚);生毛病(桑毛病);校路子(搞路子);脚底心(节底心);老举三(老鬼三),横竖横(枉死枉);装胡羊(装无样);汏脑子(汰脑子);博眼子(搏眼子);吭清头(唔轻头);骷郎头(窟浪头);书喔头(书读头);牵丝扳藤(牵丝攀藤);勒杀吊死(勒煞吊死);一塌刮子(一特挂子);譬如勿是(匹是伐是);寿头刮起(寿头骨气);神志无主(神知无知);瞎三话四(黑三话四);假痴假呆(假姿假眼);啋咚里啋(猜东里猜);幺二角落(幺尼角落);五斤哼六斤(五筋狠六筋)等。

上海话中,"拖""破""多",因保留上古音,有的场合读成"'ta""pa"'da",如:"鼻涕拖'ta下来""袜子破pa脱""吃了多'da只"。把"拖"写成"甜"是错的。还有把"搦面粉""搦咸菜""搦衣裳"的"搦niok"写成"搙",把被雨"涿(淋)湿"的"涿"写成"湼",把"湎老酒"的"湎'mi"写成"醽",把"喂yu饭"的"喂(餵)"写成"飫",都是写错的。

答读者疑问

1. 有没有标准的上海话?

语言是最重要的人类行为,世界上任何一种成熟的语言或方言,都有客观的标准。上海方言也有严整的音位系统、语法规则和完整的词汇系统。由于上海人在近 150 年来生活在一个开放、繁荣的近现代化社会里,上海话异常发达活跃,词汇丰富多彩灵动,极具创造性的成分。每个上海人从小跟着父母、同学或者在社会生活中习得和传承着上海话,都可以学得很准确。有的人说一句上海话,只要有一两个词用错甚至声调有点走样,只要是使用着上海话的人,都会感到他在哪儿说得不对。这说明人们心目中语言是有标准的。语言学者可以把大家在说的上海话辅音、元音声调用世界通用的国际音标等符号准确地记下来,把语词充分收集起来,把语法规则整理发表出来,帮助大家认识学习研究。语言学家赵元任在 1928 年用严式音标记录了 33 个吴语方言,包括上海话、松江话、浦东周浦话等。90 多年过去了,除了少数发生变化的音位外,到现在音色毫无差异。这说明语言具有稳定性,这样才可一代代传下去。所以说,在上海话产生以后,任何时期都有标准的上海话,可以把它的规则记写出来。如果语言没有标准,大家瞎说一通,怎么交际? 怎么传承? 说方言没有公认的标准,是对语言功能的极大误解。

有人说上海在开埠以后,由于各地移民都在上海说各地方言,上海话就成了南腔北调。这完全不符合事实。一地的语言不会凭空拼合,语言与人的籍贯是两回事。移民的各种方言南腔北调存在于上海,但这并不是上海话,上海还是通行着上海话和国语。以松江方言为基础的旧上海话,用自己的语音和语法规则,积极吸收英语及各地语言中好的词语,在迅速流动的社会环境里变得强大起来,更有代表性,但它没有引进其他方言的任何一个音素。世界上的大都市都有大量移民,都是新鲜词语的集散地,伦敦英语吸收各地方言和外族语言的词语以至有的语法特色比上海话多得多,因此发达。一个城市的词语如分别与两三个语音系统挂钩,这才叫混合语,但是现代大都市都不可能如此。上海话在任何时期都有完整的语音语法和词汇系统,西方传教士从1847年开始到1950年留下了连续的上海话记录,证明变化中的上海话始终有严整的规则,一般来说,移民的第二代上海话都说得很标准。比如说我们能看到20世纪40年代到上海来的移民很多,来沪的第一代往往说着原籍方言,或者学说夹杂着自己方音和有的词语不标准的上海话即所谓的洋泾浜上海话,但是他们的第二代在幼儿园、小学里,就跟着会说上海话的孩子学得一口标准的上海话。在每个时期,标准的上海话,就是最大多数的人正在说的上海话现状,总的看来,是有相当一致性的。那些声母或韵母的标准应该说是不难确定的。至于一个小孩,如果同龄人之间不说上海话,从小失去使用方言交际的环境,失去了十一二岁天生最容易习得方言的机会,主要生活在互相之间不说方言的习惯中,只能在家里听到方言,那他就大致不再会说方言了。

2. 标准的上海话是怎么样的?

语言是一种社会中形成的文化,语言是使用者约定俗成的,是随着社会的发展而变化的,只要是人使用的活语言,都会在稳定中有所变化发展,有时慢些,有时相对快些。特别是语言中的词汇,不断有新陈代谢,新词随着社会需要而产生,有些词语大家不用了,就会处于淘汰之中。上海作为一个国际大都市,长期来一直是新词新语的集散地。由于语言是一种开放性的集合,因此对语言的标准的确定必然是相对的。即使是为了全国性的学习和通用,而标准订得相当明确的普通话,因为要给全国各地学习用,所以每个字词的读音都需明确规定,词语的义项也有明确规定,大家才能遵照来学习。语音和语法的变化就慢一些,但是即使这样也会发生变化,每次再版增订的《新华字典》《现代汉语词典》就反映了这些变化。

当然任何语言或方言都会存在内部差异,如老年和青少年、社会上各种层次的人群、职业不同,文化差异,时尚保守,男性女性,不同区域,上海话中都可能有些微的社会差异。上海话的变化与这个城市的经济和生活一样,相对变化较快。由于语言是一个社会现象,语言是一个开放性的集合,根据社会语言学的原则,要看大多数人读的是什么音,有的人认为老年人说的是标准的,那么还有再老的、已经去世的几代人的语音算不算?例如分尖团(如:精≠经)是20世纪30年代流传的语音面貌,与"半、南、船"韵母读"e","谷、角"韵母两分的语音是同时代一个音系;40年代后甚至30年代后期生的上海人习得的上海话已经不分尖团了,除非是在进入戏曲剧团和电台后人为规定要从头学会的,那它就不能成为现代上海话的标准,也是教不会的。已经变了的语言类似人这个生物体,一旦死亡是任何人都拉不回来的。

所以说,说话的标准还是要以社会客观存在作为基础,所建立的标准音体系总是相对的,这为语言社会性的本性所决定。我们在对正在使用的上海话进行较充分的调查基础上,归纳出当代的标准上海话音系,可分老派和新派两种,老派主要在50岁以上的人中使用,50岁以下的上海人使用的是新派音系或正在向新派变化中的音系,使用新派音系的人占上海话使用者的大多数。我们都记写过这两派的音系的全部词汇,2018年上海辞书出版社出版的《上海话大词典》(第二版)中对每个上海方言词语都分别用老派音系和新派音系注音,也编过上海话的教材。我们应该要正音,并确定上海话词语的标准用字。最近国家语委要求做的上海方言有声数据库,就是选"40后"和"70后"这两代人录音,包括语音、词汇、语法和语料,正好代表了现今标准的老派、新派上海话。

3. 有人说,上海话是口语,没有书面语,从来没见之于文字,是不是?

不是。清代上海县城有个才子张南庄写的、充斥上海话词语的滑稽体小说《何典》,就是用当时的上海话书面语写的,小说中充满了大量的上海话词语,如"毛头囡、老虫、蛐蟮、搅家当"。这本书是在清朝乾隆、嘉庆年代写的,那个时候的上海话还与上海话的起源松江话很接近。这是我们发现的比较全面反映最早上海话面貌的读本。晚清时代以至民国末年,在上海出版过许多吴语小说和上海小报的文章,里面经常可以看到上海话的词语,也有通篇用上海话书写的文章。有些名人如瞿秋白、倪海曙、杨乐郎等,也写过、出版过上海话的诗歌、小说和散文。1903年后上海出版了大量唱片,唱片中都附有"说明书",当年出版的大量申滩、沪剧、滑稽戏唱片用上海话写唱词说明书,后来又汇集出版了大量《大戏考》《小戏考》,整篇唱词和说白都用上海话文字写成。从1845年起至1950年,西洋传教士和日本学者在上海出版了至少(现在已经搜集到的)40多本上海话著作,包括上海话语法、上海话学习课本、音节表、字典、词典、习惯用语、记事、会话、故事、戏剧、圣经、教义等,都是整本用相当标准的上海话文字书写的。比如不同年代出版的上海土白的《旧约、新约圣经》,全文一字不缺地使用上海方言汉字。这些都是我们研究上海方言在变化最快的一百年间语音、词汇、语法连续变化原貌的真实资料,近年已择优重印出版了7本,便于大家阅读。

4. 上海话的文字没有标准的写法,对不对?要不要确定标准的写法?

上海话的绝大多数词语都早已经有正确的写法。语言是开放性的,世界上凡开放的事物都是不可能标准化的。但是,记录语言的文字是相对封闭的,汉字是语素文字,每个字都有一个基本语义,任何语言的文字要做到标准化,一个字不宜有几种写法(繁体字、简体字是另一个问题)。

前面说过,西方传教士的大量上海话著作,对文字的采用可能与当年上海的语文学者是合作考证过的,他们都很注意文字的规范,各本书著使用较一致,也有延续性。一部《圣经》用的字都是很审慎的,没有缺写一个字。值得我们参考的,还有从明末起的大量吴语文献。上海话文字的写法,上海等地的研究吴语的方言学界在20世纪70年代就开始大量搜集相关语料进行整理,对大部分字都做过有根据的研究考证,确定标准写法。有不少的字在古代韵书辞书中有,只是现今在普通话中不用了,我们初看起来会觉得有些陌生。吴语中也确有些词是独有的,确实在古代辞书中没有文字,不过从明代以来的许多诗词、小说笔记中也有比较通用的、合理的俗写字,也可按语言的约定俗成原则谨慎选择采用。上海话的词语有相当一批是吴语通用词,我们考订时选择最广泛使用的、音义在各地都合的用字,如"落苏、自家、结棍、促掐、戳壁脚、搭讪头"等。

有许多词北方话中已经不用了,而在南方话(如吴语、闽语、粤语、客家语等)中还在使用,就用"考本字"的办法在《广韵》《集韵》《玉篇》等古代权威的韵书中考出正确写法的字。这些字因不用于普通话,所以看上去较生僻,但在吴语方言中却普遍运用,成为吴语的特征词,必须确定这些字为标准写法,方才能为南方广大地域普遍接受通用。如:隑ghe(靠),搦niok(揉),洇(小口喝),嚃(吮、吸),怵qiu(坏),瀽(水沉淀),渧(滴水)。对这些字,我们主要在音序难字表中公布释义,说明用法。

有的字虽然有正确的本字写法,但是在使用中有传播较广泛的"俗字"。对于这些俗写的字,《上海话大词典》中有时在正确的写法后附上并说明俗字,但控制在数量极少范围,而主要是在一些新词上,如"斩冲头"中的"斩""冲"都是声调与实际发音合不上的俗字。

语言中的虚词(这里的虚词概念对应于古汉语的"文言虚字",即封闭类词,就是一张清单可以完全列出的词类),由于常用,语音往往中心化虚化,在各地读音不同,有的词(如代词、介词)在一个小范围地区中读音也可能不一样。在各地的方言往往需要把读音写清楚,以利于互相与邻近方言相比较,在用字上则不用本字,但必须用本方言中与字语音相同的同音字来写出,如"这个",苏州话写"该个",上海话写"辩个"或"迭个"。考虑到各地的语音变化有快慢,我们一般倾向用老派的读音为标准,也尽量考虑到新派音也可读准,如上海话的"个、辩个、埃面、侬、伊、阿拉、老、邪气、垃拉(辣辣)、辣海"等。

5. 怎样在电脑上打出上海话中的难字？

上海话的大多数字，在普通话输入法中能打出来，如"俫""隀""贱""鏊""孍"等。另一些难字在现用的电脑中都有。电脑所用的 office 软件中在"插入→符号"的"其他文体"中都能查到字体为"宋体方正超大字符集"。在"字体"的(普通文本)的子集中有"CJK 统一汉字"和"CJK 统一汉字扩充 A"两部分的字体。在"字体"中选入"宋体-方正超大字符集"后，就在"子集"中能选到它含有的"CJK 统一汉字扩充 B"字体全部字。有一些方言字如"哦""稞"等，便可从"CJK 统一汉字扩充 B"中查到(最后在他处查不到的一批上海话等的方言字可以打出)。没有"宋体方正超大字符集"的电脑可以到网上去下载。另外，"字体"框中选择"SimSun-Extb"字体，也能在它的"子集"框中找到它包含的"CJK 统一汉字扩充 B"字体。

但是，要到 CJK 中查字很繁琐，因为那里的字很多，都需从部首中按笔画数查出。有个最简便的方法，就是可上"东方语言学"网下载一个"逍遥笔"软件(Xybi40, 2006 版)，安装后，可以在它的方框里用鼠标写字的方式随时写上那些难以打出的字来，如上海话说"稞水""稞钞票"的"稞 shou(积聚)"等，只需按一下这个显示出来的字，这个字就可以输入 word 文件中了。

2018 年上海辞书出版社出版的《上海话大词典》(第二版)的附件 CD 光盘中附有《上海话拼音输入系统》(即"上海话输入法"，分老派、新派两种)软件，装在电脑上，输入上海话拼音，便可很简便顺利地打出上海话中所有的难字。我们现在确定的所有上海话用字都不超出电脑中有的"宋体方正超大字符集"中的汉字，不使用统一汉字之外的字，不造新字。

6. 上海话中有没有至今写不出的字？

上海话当中绝大部分的、经过考证的词语用字，已经在笔者《上海话大词典》(第二版)中完整排出,可供查阅,其中那些难字在本书中已列出。词典中不能列出的、写成空方块的字,即上海话中真正有音无字的字,已经不多了,曾搜集过 52 个字,在 2008 年上海举行的第二届国际上海方言学术研讨会上,上海方言学专家会同松江、苏州、杭州、南京、香港和法国、美国等地的方言学专家、文字学专家,一起讨论,确定了用常用字代替的原则,作为专家推荐用字备存,如词义作"讥讽"解的"钝",作"剩留"解的"挺",作"倔强而拧脾气"解的"艮"等,许多字是从过去文献用得相对多的字中选定一个,如果这些字大家肯定了,上海话书面语中写不出的字则是极少了。我们将继续汇总一些写不出的字,研究讨论推荐用字,希望大家都来贡献意见。

7. 什么是旧上海话? 什么是新上海话? 上海话是怎样形成的? 你能说说上海方言区的地域范围吗?

从大致上说,这里说的"新上海话"是与"旧上海话"比较而言的。新上海话是上海 1842 年 11 月 17 日开埠以后直到现今快速发展变化的上海城区范围内说的上海话;旧上海话指通常说的上海本地话。

古代在长江出海处的三角洲上,有一条自西向东、水势浩大的松江(后称吴淞江,在今吴淞江即苏州河的北面),在其下游近入海处,有上海浦、下海浦两条支流,古代的上海方言是自从有了上海浦、有了上海人的聚居才开始形成的。以"上海"相称的聚落,最早见于北宋熙宁十年(1077)《宋会要》(《宋会要》后散佚,佚文见于明《宋会要辑稿》一书)中。该书的记载距今已有 943 年。书中称在华亭县(后称松江县)的东北方,有一个名叫"上海务"的管理酒类买卖和征酒税的集市,是北宋秀洲(今嘉兴)所辖 17 个酒务之一,其地大约在今黄浦区人民路和中华路环线内的东北侧,东边就是上海浦。上海浦自宋至明经过人工开阔与黄浦合流成为宽大的黄浦江往北,而使吴淞江成为它的支流。

南宋时吴淞江开始淤塞,原来在吴淞江上华亭县的大港口青龙镇为上海务替代,1277 年元朝在上海设立了主管商船税收的市舶务。宋元之交,上海已发展为华亭县东北的大镇。到元至元二十九年

(1292),划出华亭东北、黄浦江东西两岸的高昌、常人、北亭、海隅、新江五乡(当年浦东临海地区没有现今那么大)置上海县时,上海已成为滨海大港,蕃商云集,县治仍在北宋的上海务处,上海浦即黄浦江中段东西两岸已形成了一个巷陌纵横的人口聚居中心,户数达6.4万户,人口数十万,一种有别于松江方言的上海话在上海县地域内形成了。松江和上海后来一直是松江府的两大重镇,旧上海话是松江方言在黄浦江两岸的一个分支。

旧上海话和松江话的最显著的区别,阳平声调是22平调,由阳平字开头的两字组词的连读变调是很有特征的"23+44"音长较宽的舒长调;而松江方言阳平调是31降调,两字组连读为"23+52"调。20世纪80年代初,笔者对老的上海方言区用不同于松江方言区的阳平声调读低平调22,第一字为阳平声调的两字组(如:媒人、蹄髈、长城、铜铃)读作"23+44"舒长调(今在乡下或沪剧老唱片中可听得比较明显)为标准,把说上海话的地域范围划出来,包括如今的嘉定区今吴淞江北岸的江桥、封浜(地名都包括镇乡),普陀区的长征、桃浦、真如,闵行区的纪王、诸翟、华漕、新泾、梅陇、虹桥、三林、曹行、陈行、杜行、鲁汇,徐汇区的龙华、漕河泾,长宁区的北新泾、程家桥,宝山区蕰藻浜以南的淞南、大场、庙行和莳塘(即祁连)东部,虹口区的江湾,杨浦区的五角场,上海市城区,今浦东新区(包括川沙、南汇),和奉贤区的四团、平安、泰日北部和头桥北部。旧上海方言最有权威和有代表性的地方一直是原县治所在地,即今黄浦区人民路和中华路环线之内的地域。笔者1979年在当年的南市区老年人中听到过阳平的22调,记录到阴平开头的连读变调中完整的"23+44"调。这套包含"23+44"的二、三、四字组的连读变调记载在1988年出版的由许宝华、汤珍珠主编的《上海市区方志》一书中。这是当年记录的70多岁老年的上海话,他们出生在1910年前。当年称为"老派上海话",而现今的"老派上海话",指的是当年通行上海市区最广泛的"中派上海话"。说旧上海话的地区大致就是元代从华亭(松江)县划出的五个乡地域,不过那时东边靠海滩一片陆地还未形成。这里值得提一笔的是,在上海方言区陈行,有一位值得尊敬的学者胡祖德先生,1922年他在上海棋盘街著易书坊出版了《沪谚》,1923年出版了《沪谚外编》,记录了20世纪20年代的上海话。当年上海特别市还未成立。

由于上海的特殊地位,后来人们公认上海开埠后快速形成的城区内的新上海话为正宗的上海话,而把四周乡镇上仍然在缓慢变化的旧上海话按地名称之"江湾话""梅陇话""三林塘话"等,或统称为"上海本地言话"。使用上海话的地域,20世纪90年代以前大致在上海十个市区范围之内,当时上海市版图上的十大郊区都还是以县称呼的。90年代以后因为上海城市的又一次的大发展和人口动迁,变化情势还在继续,上海城区正在扩大之中,上海话扩展的区域还难以划定。

国内外通称的"上海话"指的是新上海话,当然其中也有内部差异,有老派上海话、新派上海话,但这主要是在年龄层次上的差异。"本地话"与之相比,差异至今还相当大,但旧上海话也在互通使用中很快向"上海话"靠拢。

8. 有人说上海城里说的新上海话是一种各地移民一起杂合形成的混合语,对不对?

上海开埠以后,成了一个国际性的开放城市。到上海来的人,据20世纪40年代的统计,外来籍贯的人占了上海人的80%,上海成为像纽约、伦敦、巴黎那样的语言多元、文化多元的大都市。

上海的人口主要是以家庭为主体陆陆续续来到上海的,不像南宋初年的临安那样一时由大致一地(开封)的人员蜂拥进入,一起形成了一个杭州话的方言孤岛。移民众多,人的籍贯混合与语言的混杂是两回事。移民多数是渐渐进入上海的,上海的弄堂里可以包容着不同地区移民、不同阶层各管各的上海人,他们是以上海文化来认同的,上海话便成为维系上海人身份的纽带和标志。

新上海话并不是诸如苏州话、宁波话等江浙方言的混合语,更不是新造语。北部吴语本来就有一大批共同的常用生活词语,以松江话为基础的老上海话基本词汇多数在新上海话中还保持传承着。上海的中心环境和交际文化的发达,使旧上海话在上海开埠的环境下首先不断优化,然后再快速传播开到周边城市去,这是总的语言变化趋势。

移民的第一代人中可能说着家乡话或说洋泾浜的上海话,但是从子女一代起就可用相当准确的上海话交际,他们是在幼儿园、小学里跟随会说上海话的孩子自然学会的。上海话就是这样自然地传承下去的。11岁前是天生容易学好一种语言的。所以说,移民也就一代接一代变化成为说上海话的上海人。

说新上海话是苏州话、宁波话、苏北话等加合或拼合起来的新方言的人,可能是从人口籍贯来推想出语言也会人工拼合成,这是缺乏语言学证据的凭空想象,他不能举出多少例子或根据来证实。最容易用来查的是词汇,如给他苏州话、宁波话、盐城话、广州话等大词典,用以与上海话大词典对照,也说不出多少词是从这些方言吸收到上海话的。举例说,有人认为"碗盏"来自宁波话,但我们可以从1892年法国传教士编的上海话、松江话词典中查出有"碗盏"一词。我们可以把苏州话、宁波话、杭州话等几本方言的词典找来比较,居然很难找到吸收进上海话来的词语,因为词汇的本性是发散性的,何况北部吴语区域文化发达,从丹阳到舟山群岛几乎都能通话,有一整套日常生活通用词语,差异不大,有时听不太懂的原因主要在于语音的差异。上海话到底在开埠后一百年间如何变化,我们能够用事实来说明此问题。在1853年到1950年,西方传教士在上海一直在记录教学上海话,在时间上连续不断地至少出版了40多本上海话著作,都用字母记录了真实的语音,使我们能看到了上海话在开埠时与松江话十分接近的语音系统是如何一步一步地较迅速而连续地变化的具体过程。在快速变化的城市中,上海话语音音位的合并状况可以制成清楚的表格,上海话没有吸收过别的方言包括国语的一个音素,对上海话影响大一点的苏州话语音是有的与苏州相同的音位在上海话字的韵母中分布的移动,而并没有改变语音音位。上海话声韵调音系的音位合并快速,其变化的步骤是很有序不紊的,规律清晰。

在词汇方面,上海话有一个重要的特色,是比别的方言更多的以音译的方式吸收了大量的英语外来词,但从一本《上海话大词典》中来看,音译词也只占不到5%的数量。据笔者统计,1867年英国传教士艾约瑟编的《上海方言词汇集》中有70%以上的词语延续用到现在,在上海话词汇发展快速、收当年新词最多的1939年蒲君南编的《上海方言课本》中的各类词语,也有70%以上沿用至今。所谓混合语是指一种语言或方言中的使用词语和两个或者两个以上的语言音系相对应。上海话吸收的其他方言的词语,包括来自英语的音译词,都是以上海话的语音音系来确定读音,词语的连读变调也是用上海话的。150年里的上海方言变化五光十色、多姿多彩,但万变不离其宗。

  但是如果我们倒过来统计词汇的话,那么差异就十分大了。移民的最大贡献是和上海本地人一起在上海社会物质和精神文化迅速现代化的过程中,拥有较大自由空间地创造了无数新词语,翻新了上海话。相反的是,上海当年是新的中国语的发散中心,大量新词新语和对生活具有极大概括力的生动活泼的惯用语迅速传播到周边的吴语地区,很多为普通话所吸收。

附:上海市方言分布图(本图时间定于20世纪90年代)

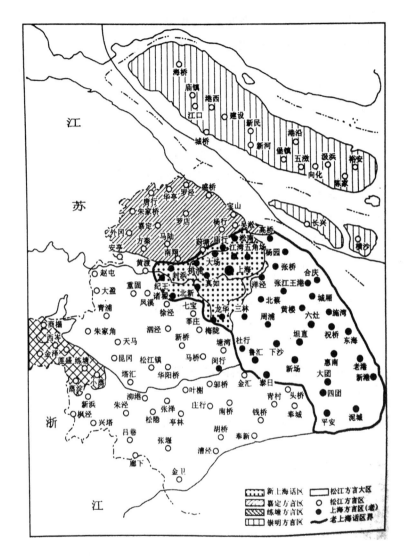

上海地区方言分布示意图

附录　上海话拼音输入法(新派)修炼秘笈

吴声吴戏

期盼已久的阿拉上海人自己的输入法总算面世了！！！

此文的读者一定是那些对上海话有感情，不情愿就这样失去母语、失去根的人。那么恭喜你，这个输入法是你最佳的选择！在我说明此拼音系统使用方法前，烦请各位再听我烦几句。

语言是文化的根基，如果上海人不会讲上海话，是件可悲而被人笑话的事。我们要说好上海话就要多练，当然不是对外地人讲上海话，而是上海人之间多说，那么这个输入法给了我们一个好机会。

平时我们打字，即使找些普通话发音的字来打上海话，也是先在心里用普通话思考，然后翻译成上海话，这个怎么"来三"？会打出许多错字来！有了上海话拼音输入法，我们用上海话思考，用上海话来网上聊天，我们是完全意义上的上海文化继承者（我感觉自己已经站在了天都峰顶，感觉太好了点吧）。

最后，希望各位刚开始使用此输入法时，碰到麻烦不要立马退缩，耐心把这个秘笈看完。我们学了那么多年才把普通话打字系统学会，上海话输入法其实更简单，只不过需你一两天时间的学习加上几天的熟练，总之一周内你的上海话输入大法就可以练到炉火纯青了！

以下就是输入法的说明，共分成四部分，不难的，只要顺着看完肯定会用了。以后也可以作为查询，哪个字不会打了，在下面找到同音字就可以了。接下来的部分，各位最好是边看边用上海话输入法尝试着打打看，这样上手更快。开始！

一、基本招式

这个输入法，基本上和普通话拼音输入法差不多的，所以上手非常快（我在无人指导又不懂音韵学的基础上，一个下午就熟练打字了，哈哈）。

1. 上海话和普通话发音相同的部分举例

中文字	普通话拼音	上海言话拼音
方向	fang xiang	fang xiang
拼音	pin yin	pin yin
将军	jiang jun	jiang jun
帮帮忙	bang bang mang	bang bang mang

千万别以为真的那么方便……后面还有,继续……

2. 完全用普通话拼音来标注的上海话发音(读音还是上海话)

(1) 敲 kao 刀 dao 草 cao 老 lao 高 gao 宝 bao 烧 sao 好 hao 闹 nao 泡 pao 猫 mao 讨 tao 照 zao 造 shao 号 hhao 巧 qiao 小 xiao 钓 diao 料 liao 表 biao 鸟 niao 飘 piao 庙 miao 跳 tiao 叫 jiao 要 yao 澳 ao

(2) 口 kou 斗 dou 抽 cou 楼 lou 沟 gou 手 sou 吼 hou 剖 pou 某 mou 偷 tou 走 zou 寿 shou 后 hhou 优 you 否 fou 欧 ou

(3) 刘 liu 谬 miu 秋 qiu 休 xiu 丢 diu 牛 niu 九 jiu

(4) 肯 ken 灯 den 春 cen 轮 len 更 gen 本 ben 身 sen 狠 hen 嫩 nen 喷 pen 门 men 氽 ten(浮在水面的意思) 正 zen 沉 shen 恨 hhen 分 fen 恩 en

(5) 丁 din 灵 lin 冰 bin 人 nin 拼 pin 明 min 听 tin 轻 qin 兴 xin 今 jin 音 yin

(6) 康 kang 当 dang 撑 cang 冷 lang 讲 gang 邦 bang 生 sang 亨 hang 囊 nang 胖 pang 孟 mang 汤 tang 张 zang 常 shang 杭 hhang 腔 qiang 香 xiang 良 liang 让 niang 奖 jiang 央 yang 汪 wang 方 fang 樱 ang(樱桃)

(7) 空 kong 东 dong 葱 cong 龙 long 公 gong 松 song 哄 hong 侬 nong 捧 pong 蒙 mong 痛 tong 中 zong 虫 shong 凶 xiong 浓 niong 拥 yong 风 fong 翁 ong 红 hhong

(8) 店 di 李 li 变 bi 义/年 ni 片 pi 面 mi 天 ti 千 qi 西 xi 尖 ji 衣 yi 飞 fi

(9) 揩 ka 带 da 蔡 ca 赖 la 加 ga 拜 ba 啥 sa 蟹 ha 奶 na 派 pa 买 ma 泰 ta 债 za 柴 sha 鞋 hha 矮 a

(10) 昆 kun 滚 gun 婚 hun 训 xun 军 jun 允 yun

好了,第一部分结束,我们来试试看哦。"烧香"sao xiang,"关门"gue men,

"侬骗人"nong pi nin。哈哈,有没有试出来?觉得太简单?后面还有呢!(里面少数比较难的譬如"鞋"hha和"矮"a的区别下面会说到)

二、中级招式

中级里都是些上海话特有的发音(最最赞的部分哦)

(1) 看 koe 短 doe 穿 coe 乱 loe 官 guoe 干 goe 搬 boe 酸 soe 虾 hoe 南 noe 潘 poe 满 moe 贪 toe 最 zoe 船 shoe 汗 hhoe 安 oe

这个 oe 的音是阿拉上海话的特色,反正大家都知道的,也不多举例子了。

(2) 开 ke 对 de 菜 ce 来 le 关 gue 改 ge 班 be 三 se 海 he 难 ne 配 pe 慢 me 腿 te 灾 ze 赚 she 咸 hhe 弯 we 翻 fe 爱 e

这个 e 的音和英语里是一样的,所以上海人学英语比较容易上口,和普通话拼音的"也 ye""月 yue"中的 e 发音相同,下面还有很多这样的例子。

(3) 克 kak 答 dak 出 cak 肋 lak 刮 guak 割 gak 百 bak 湿 sak 吓 hak 纳 nak 拍 pak 墨 mak 塔 tak 汁 zak 十 shak 盒 hhak 挖 wak 法 fak 压 ak

这个 ak 相当于英语音标里的倒 e 的发音,或者是上海话里的"压"。

(4) 七 qik 滴 dik 力 lik 笔 bik 热 nik 匹 pik 灭 mik 铁 tik 接 jik 一 yik

这个 ik 相当于英语里 it 的"i"的发音。

(5) 哭 kok 督 dok 触 cok 绿 lok 角 gok 北 bok 速 sok 扑 pok 木 mok 托 tok 粥 zok 熟 shok 学 hhok 福 fok 屋 ok

这个 ok 有点像小时候学鸡叫的声音,和英语里 book 的"oo"发音有点类似。

(6) 吹 cy 水/书 sy 朱/纸 zy 是/事 shy

(7) 冤 yu 女/语/原 nyu 旅 lu/lyu 许 xu/xyu 捐 ju/jyu 圈 qu/qyu

(8) 苦 ku 多 du 醋 cu 路 lu 果 gu 布 bu 蔬 su 货 fu 糯 nu 浦 pu 磨 mu 土 tu 做 zu 坐 shu 乌 wu 付 fu

这个 u 相当于普通话里的 u,像"乌 wu"这个字。虽然拼音和普通话的相同,但读音还是我们上海话的哦。我想大家念过上面的字都有体会了。

(9) 跨 ko 车 co 疤 bo 沙 so 怕 po 马 mo 炸 zo 茶 sho 华 wo 蛙 o

这个 o 相当于普通话的"喔"。

我们接下来再试试看打个句子。

侬看上去气色交关好! nong koe shang qi qi sak jiao gue hao

怎么样？神奇吧！在"上海话输入法"里，可以按照一个词把字组合一起打哦，比如：气色 qisak、交关 jiaogue。

以上说了不少了，是不是有点感觉了？不难吧？接下来就是高级招式。

三、高级招式

高级招式虽说练就以后就可以成为上海话高手，但其修炼过程一点都不难，对上海人来说是"霉干菜一碟"！

血 xuik　郁 yuik　缺 quik　菊 juik

肉 niok　玉 niok

接下来的部分是通篇秘笈最难的一部分，不过稍微动点脑筋也不在话下的！

大家一定奇怪，为什么上面不少字拼音的结尾都带用 k，其实这个词尾的 k 代表上海话里最有特色的、保留古音的"入声"，就是很短促的一个声音。比如"一 yik"、"衣 yi"与"七 qik"、"气 qi"，这四个字大家读读看，是不是前一个都是短促的入声，后一个就没有？所以词尾的 k 就是派这个用场的，包括"血 xuik"和"肉 niok"这样的短促音。好了，说到这，最难部分已经解决了一半了。

除了词尾的 k 来代表短促的入声，还有一个 h 的用法比较特殊，这也是为了显示上海话里保留着古浊音声母的独特之处。这个特殊 h 的用法有 10 个地方：bh（步）、dh（图）、gh（轧）、sh（十）、fh（罚）、jh（杰）、xh（习）、hh（合）、wh（回）、yh（用）。

大家先别头晕，我下面一说你们就立刻明白了。

b 和 bh 有什么区别？举例看看："八 bak"和"白 bhak"，是不是发"八"的时候嗓子没有震动，发"白"的时候嗓子震动了？就是读了浊音，体会了吧！"底 di"和"地 dhi"，"素 su"和"坐 shu"也是这样。前者叫清音，后者叫浊音，发浊音时嗓子会颤一颤。有点复杂？没办法，这个是上海话的特色，好在只有 10 个地方用到的，反正大家音都发得出的，比较两者不同，用几次就记牢了。

（1）跑 bhao　笨 bhen　瓶 bhin　碰 bhang　篷 bhong　皮 bhi　排 bha　盘 bhoe　办 bhe　白 bhak　别 bhik　薄 bhok　步 bhu　爬 bho　嫖 bhiao

对应的清音是：报 bao　本 ben　冰 bin　帮 bang　比 bi　拜 ba　搬 boe　班 be　八 bak　笔 bik　北 bok　布 bu　巴 bo　表 biao

这样一对比，是不是就很简单明了了？哈哈，恭喜你，这个输入法的所有难关都被你攻克了，接下来我们继续举例！举例后还有一些其他说明，不过已经没有难度了。

（2）陶 dhao 头 dhou 邓 dhen 停 dhin 糖 dhang 动 dhong 电 dhi 汏 dha（汏衣裳）团 dhoe 蛋 dhe 特 dhak 敌 dhik 读 dhok 图 dhu 条 dhiao

对应的清音：刀 dao 斗 dou 灯 den 丁 din 打 dang 店 di 带 da 短 doe 对 de 答 dak 滴 dik 督 dok 多 du 吊 diao

（3）搞 ghao 趄 ghou（趄头缩颈）戆 ghang 共 ghong 解 gha（解开）隑 ghe（隑牌头）掰 ghak（这）搁 ghok 狂 ghuang

对应的清音：高 gao 狗 gou 刚 gang 工 gong 加 ga 改 ge 夹 gak 角 gok 光 guang

（4）造 shao 寿 shou 沉 shen 常 shang 虫 shong 柴 sha 船 shoe 站 she 石 shak 熟 shok 事/字 shy 坐助 shu 茶/查 sho

对应的清音：少 sao 手 sou 深 sen 双 sang 松 song 啥 sa 酸 soe 三 se 湿 sak 缩 sok 水/四 sy 数 su 沙晒 so

大家注意哦，这个上海话拼音里的"sh"，千万别和普通话拼音里的"sh"混起来，相信大家读了上面列举的字，应该知道怎么发音了吧。

（5）负/浮 fhou 文 fhen 房 fhang 凤 fhong 肥 fhi 饭 fhe 罚/勿 fhak 服/伏 fhok 腐/扶 fhu 覅 fhiao（"勿要"的连读）

（6）求 jhiu 近勤 jhin 棋 jhi 群 jhun 杰 jhik 距跪 jhyu 茄 jhia（茄勾）桥 jhiao 强 jhiang 穷 jhiong 局 jhuik

对应的清音：救 jiu 金 jin 鸡 ji 军 jun 脚 jik 举 jyu 或 ju 借 jia 叫 jioa 奖 jiang 龚 jiong 菊 juik

（7）袖 xhiu 寻 xhin 前 xhi 巡 xhun 习 xhik 聚 xhyu 谢 xhia 巢 xhiao 像 xhiang

对应的清音：修 xiu 心 xin 先 xi 训 xun 吸 xik 许 xyu 或 xu 写 xia 小 xiao 想 xiang

（8）号/豪 hhao 后/厚 hhou 衡 hhen 杭 hhang 虹 hhong 鞋/阿 hha 汗/寒 hhoe 咸/害 hhe 盒/合 hhak 学/或 hhok 画/话/下 hho

对应的清音：凹 ao 欧 ou 恩 en 盎 ang 翁 ong 矮 a 安 oe 爱 e 压 ak 恶/屋 ok 蛙 o

（9）魂 when 黄 whang 坏 wha 换 whoe 回 whe 滑/活 whak 河/户/吴/祸/贺/武 whu

187

对应的清音:汪 wang　歪 wa　弯 we　挖 wak　乌 wu

（10）摇 yhao　有油友 yhou　赢行形 yhin　杨 yhang　用荣 yhong　移现伊 yhi　野夜爷 yha　云匀 yhun　叶 yhik　雨于 yhu　月越 yhuik

对应的清音:要 yao　优 you　音 yin　央 yang　永 yong　衣 yi　雅 ya　熨 yun　一 yik　喂 yu　郁 yuik

简单的诀窍:一个简单的诀窍就是,当你要打的字你用清音打不出来时,比如你要打"群",输入 jun 没有这个字,很可能你把清浊音搞错了,那么就在第一个字母后加 h,代表浊音,变成 jhun,你要的"群"字就马上出来了。

喔哟,总算是把最难的部分讲完了,现在你已经是准高手了哦,不过接下来还有一些其他零碎的东西要做最后的交代(我觉得自己好罗嗦哦,但这些东西都是要说的,现在才知道以前老师的苦口婆心^-^)。

（11）咬 ngao　藕 ngou　硬 ngang　外 nga　岸 ngoe　眼 nge　额 ngak　鹤/鳄 ngok　瓦 ngo

（12）指 zy　主 zy　齿 cy　处 cy　四 sy　水 sy　字 shy　树 shy

这些字的韵母,在普通话里是用 i 来代替的,上海话中改为用 y 来表示,读音是一样的。

输入法一出来,网上就有人简单总结出一个口诀来:"浊音 h 短音 k,安打 oe 来埃打 e,字改 y 来额为 ng,其余普通话里来。"

还有一句话,学普通话时最难的:平舌音和翘舌音、前鼻音和后鼻音的"纸 zy=子 zy""进 jin=井 jin"。

上海话输入法与普通话输入法一样,是不打字的声调的。

到这里,以上就是本秘笈的全部内容,如果你有耐心看到这里的话,估计已经基本上会用这个上海话输入系统了,经过几天的练习,你就是上海话输入法的使用高手了。希望你平时能够多多使用哦,并且也向朋友推荐,让上海方言文化能够更好地传承下去!功德无量啊!在本秘笈的最后是上海话中常容易读错的字和有些常用字词举例。

四、最高秘笈

所谓大道至简,最高秘笈就是一句话:把这整个秘笈说明拷进 word 文档里,下次有什么字不知道发音或者忘记怎么打拼音,可以使用 word 自带的查询功能,查到这个字或者它的同音字。

就这么简单啦!!!

五、上海话容易读错的常用字

这个部分不是必看的,但看了之后能大大提高你使用上海话输入法的能力,并能够说出一口标准地道的上海话。试试哦!

个别字的上海话发音年轻人不知道怎么说,或者容易读错,这样,用上海话的拼音就打不出字了,下面就尽我所能列举些例子,这些字如果大家都知道正确发音了,那你一口标准的上海话会让身边的人刮目相看哦!(以下举例不特别表明的都是用的上海话发音)

义 ni　发音同"泥",同音的字还包括:"验、毅、疑、研、谊、议、宜"等。
略 lik　发音同"力",其他同音字:"掠、律、率"。
额 ngak　"额角头"的"额"。注意这个鼻音哦!
我 nhu　发音同"饿",其他同音字:"鹅、卧、俄、误"。
岸 ngoe　这个字发音比较特殊,大家试着用"额角头"的"额"的声母+"安定"的"安"来发这个音。"额""安"连读就是这个字的音了。
例 li　列 lik　这两个字前者读音是"李",后面读音同"力",是不一样的哦。
或者 hhok ze　这个词组经常用到,相当于"学灾"的发音。
然 shoe　发音同"船"。别再读"兰"啦,要被人笑的。其他同音字:"善、罪、隧、鳝、髓、篆、蝉、蚕"。记得小辰光养的蚕宝宝吧,呵呵,就是这个读音!
容 yhong　发音同"用",不是"龙",一滴成吉思汗^-^,其他同音字有"荣、熊、雄、融、蓉"。
银 nin　发音同"宁",其他同音字还有"仁、忍、迎、吟、人、认"。
杏 hhang　发音同"杭"。其他同音字还有"航、降"(投降)"行"(银行)"项"。
行 yhin　发音同"赢"。"行"有两个读音,一个是"赢"yhin(如"行为"),另外一个是"杭"(如"银行"),其他读 yhin 的字:"形、刑、幸、盈、型"。
省 sang　发音同"商"。其他同音字:"爽、甥、双、霜"。
舍 so　发音同"沙",其他同音字:"晒、赦、奢"。
人 nin　发音同"宁"。注意哦,"人"在上海话里比较正式场合还有一读,发音"沉 shen",譬如讲"人民广场"。
原 nyu　发音同"女",其他同音字:"语、元、愿、愚"。
负 fhou　发音同"浮"。把"否"字的声母读成 v,就是这个字的发音了。

维 fhi　　发音同英语字母"V",其他同音字:"肥、味、尾、唯、微、未、薇"。

剧 jhik　　发音同"杰"。下趟和朋友说去看"话剧"知道怎么说了吧!

续 shok　　发音同"熟"。学了这两个字,知道"连续剧"上海话怎么说了吧?"连熟杰 li shok jhik",其他同音字:"昨、属、勺、浊、族、俗、淑、赎、蜀、辱、逐"。

绝 xhik　　发音同"习"。下趟说"绝对"不要再读"决对"了,应该读"习对"哦!其他同音字:"集、嚼、寂、睫、截、籍、袭、夕、疾、席"。

就 xhiu　　发音同"袖",不要读成"球"哦。

静 xhin　　发音同"侬寻啥人"里的"寻",平时读成"近"是错的。其他同音字:"尽、情、晴、净、旬、秦、巡、靖"。

全 xhi　　发音同"侬迭个小人手贱来"里的"贱"一样,发音类似普通话里的"习"。其他同音字:"齐、徐、前、钱、泉、旋、渐、潜、践、饯、荠"。

聚 xhyu　　平时说话经常把这个字读成"距 jhyu",把 j 的声母改成 x 就是正确发音了。其他同音字:"叙"序"绪"。

如 shy　　发音同"事"。下次千万别读"路果"或者"比路",要读成"事果"或"譬事"哦!"乳制品"的"乳"读音也是"事"。其他同音字:"字、市、词、树、竖、住、除、池、自、治、柱、磁、似、磁、氏、殊、寺、伺"。

效/校 yhao　　发音同"摇"。其他同音字:"耀、遥"。

霞 ya　　发音同"野"。以后晓得"仙霞路"怎么读了吧?

藕 ngou　　记得小时候吃的"藕粉"怎么说吗?不是"呕"哦,是"厚"加上一个"饿"声母的鼻音,类似"饿、厚"连读。其他同音字:"偶"。

鹤/鳄 ngok　　发音可以参照"饿、学"的连读。

括 guak　　发音同"刮"。注意,不是"扩",是"刮"! 其他同音字:"骨"。

鹦樱/鹦哥 anggu　　鹦鹉在上海话中叫"鹦哥",音同"盎哥"。

樱桃 angdhao　　同样,樱桃音同"盎桃"。

旭 xuik　　发音同"血"。下次知道怎么读"安在旭"了吧!

说了半天,口水都用完了,希望大家能够看得明白,关键还是多用啦!用上一个礼拜就会非常熟练,速度和普通话打字差不多了!接下来附上原软件说明里自带的常用上海话词语例句,大家可以试着练习!

六、上海话常用词举例

括号内为普通话意思。

190

shanghe 上海　shanghehhehho 上海闲/言话(上海话)　whangpugang 黄浦江　suzouhhu 苏州河　shyti 事体(事情)　makshy 物事(东西)　bhakxiang 白相(玩)　dangbhang 打朋(开玩笑)　ghakbhangyhou 轧朋友(交朋友)　cak yhangxiang 出洋相(闹笑话,出丑)　linfhakqin 拎勿清(不能领会)　dhaojiangwhu 淘浆糊(混)　ao shaoxhin 拗造型(有意塑造姿态形象)　ghe 隑(靠)　kang 囥(藏)　yin 瀴(凉、冷)　dia 嗲　whakji 滑稽　sakyi 适意(舒服)　laoselaosy 老三老四　diklikgun yhu 的粒滚圆(非常圆)　sylindakdi 水淋淔淔(湿淋淋)　ngu 我　aklak 阿拉(我们)　nong 侬(你)　na 伲(你们)　yhi 伊(他)　yhila 伊拉　ghakhhak 耹个(这个)　dhikhhak 迭个(这个)　ehhak 埃个(那个)　yihhak 伊个(那个)　ghekdak 耹搭(这儿)　emi 埃面(那儿)　gheknen 耹能(这么)　enen 埃能(那么)　ga 介(这么,表示程度)　bak 拨(给,被)　fhak 勿(不)　mmak/hhmak 呒没(没有)　lao 老(很)　xhiaqi 邪气(很)　jiaogue 交关(很多,很)　she 侪(都)　laklak 辣辣(在,在那儿)　gaklao 葛咾(所以)　lang ……浪(……上)　lixiang 里向(里面)　sa 啥(什么)　sanin 啥人(谁)　tak 脱(和)　hhak/ghak 个(的、地)　lao 咾(表示因果)　va 哦(吗、吧)　le (啦)　okyo 喔唷(表示感叹)　nao 喏(表示给予)

[注:此文在2008年8月网上公布"上海话输入法"时,由吴声吴戏(实名陆新蕾)随即在网上发布]